U0098447

U

倫敦樂遊

Welcome to London

暢遊英倫不能錯過的 100 個吃喝買逛潮夯好點

目錄
Contents

前言

我在倫敦住了半年,這段時間最常被問到:「妳是來學英文的嗎?」因為在他們眼中,此次我的旅行似乎是漫無目的且毫無目標的;半年的時間,留學似乎太短;旅行又好像過長,於是猜測我是來學英文的。的確,我曾在英語學院進修過,但單純只是讓自己能和外界有交流的機會,除此之外,我幾乎將所有的時間和精力都放在讓自己進行一場愉快輕鬆的旅程上。這次的旅行不走馬看花、不庸庸碌碌,我要像個倫敦當地人一般,買一支當地的手機,找一間居住的房子,再買些居家用品,可以常常和住家附近便利店的大哥們開開玩笑,選一些我喜歡喝的啤酒;若興起想吃韓國料理的念頭,也可以不計距離的跑到韓國人開的超市購物,或與倫敦的好朋友一起結伴旅行。

旅行的方式因人而異。這次的旅行我想跟隨著我的內心和個性,慢慢的、一點一滴的去享受旅行中美好的意義。因為時間充足,所以我將想去的地方、時間、日期都詳加規畫後,擬訂一份旅行計畫表貼在牆上。我要充分發揮自己的熱情,積極的執行,絕不散漫偷懶。在倫敦的這段時間,我希望透過旅行深刻地體驗當地的風俗民情,而非單純瀏覽風景的觀光客,如果在旅途中遇到一個極具魅力的地方,我會深入走訪,將它變成專屬於我獨有的魅力景點。

喜歡去日本東京或大阪旅行的人,應該也會喜歡倫敦。將它與法國、義大利、西班牙等歐洲國家城市相比,倫敦給人的感覺更加細膩和美麗,在這裡生活也更加舒適又饒富樂趣。或許去看過大笨鐘或英國鐵橋等著名觀光景點的人會覺得我的陳述很虛無飄渺,甚至覺得我說得有些誇張,但我認為只要對 Soho 區裡的 Carnaby Street 或 Brick Lane 稍作留意的人,應該也會同意我的想法。這本書中介紹了許多有個性和特色的商店、美術館,希望它們對你來說不只是購物、飲食和娛樂的場所,更是能讓你體會異國風情和留下精彩回憶的地方…。

商店分類圖標索引

服飾店

咖啡館

鞋店

麵包 / 蛋糕
甜點店

超市 / 市集
商場

酒吧

禮品店

書店

觀光景點

飾品店

餐廳

百貨公司
購物中心

生活雜貨
個性小物
玩具店

美術館
博物館

家具 / 家飾品店

CD
唱片行

茶專賣店

PART 1

倫敦市中心

Oxford Circus ｜牛津大街 最繁華的街｜
Soho ｜蘇活區 血拚重鎮｜
Covent Garden ｜科芬園 精彩的街頭秀｜

牛津大街
推薦店家鄰近地鐵站
Oxford Circus 、 Bond Street 、 Piccadilly Circus 、
Tottenham Court Road 、 Marble Arch

蘇活區
推薦店家鄰近地鐵站
Oxford Circus 、 Piccadilly Circus 、 Covent Garden 、
Leicester Square

柯芬園
推薦店家鄰近地鐵站
Covent Garden 、 Tottenham Court Road

漫步牛津大街
Walking on Oxford Circus

倫敦最繁華的街道

記得在倫敦留學時，我總喜歡下課後就從 Piccadilly（皮卡迪利街）散步到牛津大街（Oxford Circus），平常與朋友聚會、餐敘、逛街也幾乎都選擇這裡，因為這裡有我對倫敦最原始的記憶。起初對 Oxford Circus 的印象是車多、人多、商店多，大街的兩側盡是不同風格的時尚商店，行駛在馬路上的紅色雙層巴士和黑色計程車格外醒目，當然也包括熙來攘往的購物人潮。不過，生活一段時間後，Oxford Circus 給我的感覺不單只是一個普通的商業區，彷彿是將人生百態、世界景觀濃縮後的小縮影。

Oxford Circus 是英國倫敦最繁華的街道，其中牛津廣場對角穿越的十字路口人潮川流不息，更已成為 Oxford Circus 上一個著名標誌。街上聚集了超過 300 家大型商店，尤其精品店的商品款式相當多樣，擁有古典英倫風格的 Burberry 是最受歡迎的名牌之一，另外，也有來自義大利的頂尖品牌，而且商品甚至比來源地店家還齊全。還有極富盛名的老牌百貨公司 Selfridges，周到的英式服務讓顧客享受到五星級的待遇。

由於 Oxford Circus 聲譽卓著，所以除了吸引英國在地遊客之外，海外的觀光客也絡繹不絕。每年從全球各地前來此處消費的遊客，占了 Oxford Circus 總收入的百分之二十。這裡的建築極有特色，好似一幅美麗的風景畫，除了極具設計感的精品店、咖啡店或酒館等商店，同時也是世界前三大同性戀聚集地，如此另類的風格和古典的建築構成了獨特的英式景觀……

Oxford Circus
MAP

❶Primark ❻Paul

❷Wasabi ❼Niketown

❸Selfridges ❽Topshop

❹Café Rouge ❾Urban Outfitters

❺River Island ❿Nandos

01 服飾店

Topshop
時尚達人的祕密基地

或許因為自己是設計師的關係，所以致力於追求獨特且創意新穎的設計，穿著不一定要多麼昂貴奢華，但肯定得自在漂亮。比起一般常在名品店出入的人，我更喜歡去逛一些風格獨具的店家，輕鬆舒服地挑選自己喜歡的衣服。

到倫敦之前，我熟識的朋友告訴我，到倫敦旅行時穿一套衣服即可，行李中不需要再放其它的衣物。「雖說衣服可以再買，但是我心裡總覺得還是要帶幾件換洗衣物比較妥當吧！」於是朋友的建言，我完全拋到九霄雲外。雖然聽說倫敦的大街小巷裡有許多時髦的商店，甚至有人說倫敦大街根本就是世界時尚的中心，但我認為若是指追求時尚品味這方面，韓國可是一點也不遜色，因此，我還是把旅行背包塞得滿滿的。

不過，當我第一次站在倫敦大街上時，心中立刻升起一種羞愧和懊惱的情緒，當下真想立刻買張機票回韓國，因為我身上的穿著和當地的環境和格調完全不搭，站在倫敦街道上的我簡直像是個鄉巴佬。在這樣一個追求個性和創意的城市裡，會不會真的有人以為我是從鄉下來的啊？想到這裡就覺得多待一秒鐘都讓人沮喪萬分，所以在上完第一堂英文課後，我便迫不及待地買了幾套衣服換上。現在回想起來，當時我的穿著真的是非常普通，就像一塊不鹹也不甜的麵包，食之無味。那時在牛津大街的許多商店中，對我最有幫助的就屬 Topshop 了。

Topshop 採多元化的經營模式，除了主要的經營項目之外，還有流行服飾、精品店等，是英國人引以為傲的購物天堂。Topshop 還有一個響亮的外號「Cheap Chic」，意指可以用低廉的價格買到流行商品的地方。除此之外，這裡更是一些時尚達人的祕密基地，看來他們與我眼光一致，若想了解時尚潮流趨勢，沒有比這裡更合適的地方了。

由於這次旅行的時間較長，無法隨心所欲的在每個地方消費，以至於在不同花費上要找出不同的方法來節省。例如在穿著打扮上，我就會先到 Topshop 去瀏覽一下當季的穿搭款式，並觀察店內員工和顧客的穿著和我有哪裡不同？再挑選一些衣服試穿（在試衣間一次最多可試穿 6 件服裝）。倫敦許多商店都會提供試穿服務，絕大多數時候我都會在店裡試穿，不管試穿多少件，最後都會精挑細選其中一件去結帳，不是有句話說：「試衣才是穿衣人嗎？」我覺得在消費時，一邊享受購物的樂趣，一邊嘗試平常不曾穿過的設計款式，再從中找到屬於自己風格的衣服，不也是一種華麗的冒險嗎？

在 Topshop 中，放眼望去幾乎到處都可看見那些脫掉高跟鞋，專心挑選衣物的時尚專家穿梭其間，連好萊塢明星如史嘉蕾喬韓森也會來這裡瘋狂購物。根據統計，每個人在 Topshop 停留的時間平均為 40 分鐘，尤其是它擁有極佳的地理位置，坐落於牛津大街的中心點，相當受到歡迎。1 樓的 TOPMAN 以銷售男裝為主，2 樓的 EAT 是一間咖啡和三明治專賣店，提供購物顧客休憩。（倫敦的 1 樓是台灣建築物的 2 樓。而倫敦的 1 樓稱為「地面層」）

Data

地址：508 Oxford Street London W1C 1NX
電話：020-7629-1430
時間：週一至週六 09:00 ～ 20:00；
　　　週日 12:00 ～ 18:00
地鐵：Oxford Circus
網址：www.topshop.com

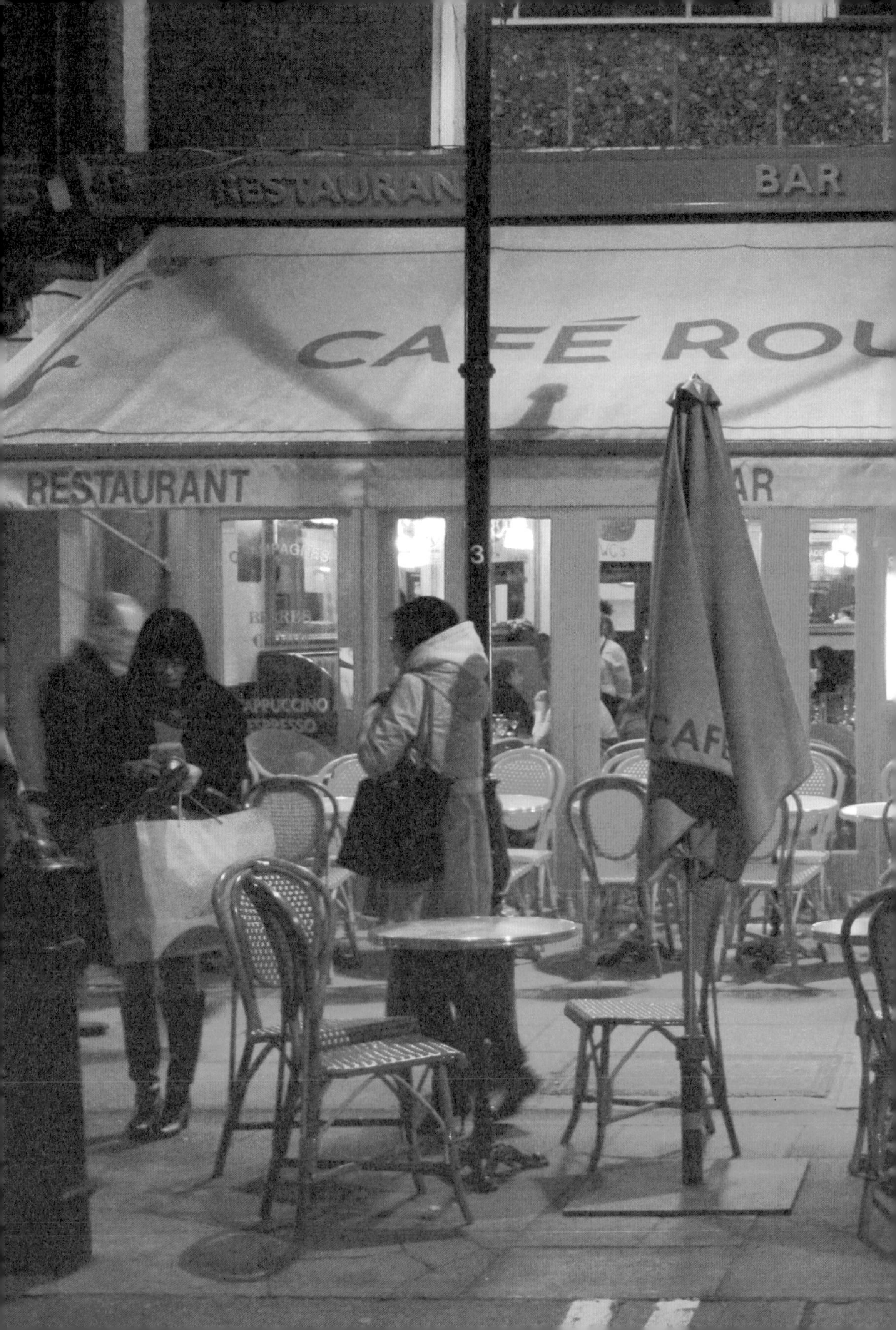
RESTAURANT
BAR
CAFÉ
RESTAURANT

02 咖啡館

Café Rouge

冬天裡的香醇卡布奇諾

不管是台灣、韓國或日本，都有不少極具特色的咖啡廳，那麼到了英國應該有更多甚至更奢華的咖啡館吧！如果抱持這種想法，那可就大錯特錯了。英國的咖啡館與我當初心中所想的落差很大，事實上，在英國若想找一家稍具規模的咖啡廳，並不是件容易的事。

英國人喝咖啡幾乎都選在星巴克、Costa、Nero 等連鎖店，或是一些賣輕食的地方，如：EAT、PRET 等。有個在 King's Cross Station Costa 打工的朋友告訴我，每每一早將店門打開時，就看到一長串的排隊人潮在等著買咖啡。常聽人說：「英國人可以窮得不穿內衣，但絕對不能不喝咖啡。」因此，大部分的英國人在早上會先買杯咖啡，再邊喝邊趕去上班，這儼然已成為他們日常生活的習慣。我想對英國人而言，與其待在一間有氣氛的咖啡館品嘗咖啡，還不如讓他們直接享受啜飲咖啡時的喜悅吧！

雖然在倫敦要找間環境優美的咖啡館並不容易，不過這間 Café Rouge 卻給我極深刻的印象。它位於 Selfridges 百貨旁一條聚集許多西餐廳和咖啡館的街道上，是一間也提供餐點的咖啡廳，不僅在倫敦有名，在英國各地都頗有名氣。一到夏天，Café Rouge 會擺上許多露天桌椅供客人用餐或休息，讓大家在品嘗美食的同時，也能夠欣賞藝術表演，體驗異國風情。

初次到 Café Rouge 是為了要替朋友過生日，聊天和慶祝的內容我已不復記憶，唯一記得的是那年冬天好冷，而這裡香醇的卡布奇諾和微弱的燭光溫暖了我們。

不久前讀完一本由英國作家撰寫的小說，赫然發現小說內容裡也有提及 Café Rouge，是描寫男女主角在 Café Rouge 愉快聊天的場景。我想若是和戀人來 Café Rouge，一邊用餐一邊品嘗從法國空運來的紅酒，應該是件非常浪漫的事情。另外推薦早上 9 點到 11 點供應的英式早午餐，口味相當不錯哦。

Data

地址：46-48 James Street London W1U 1HA
電話：020-7487-4847
時間：週一至週五 08:30 ～ 23:00；週六 09:00 ～ 23:00；週日 09:00 ～ 22:30
地鐵：Bond Street
網址：www.caferouge.co.uk

03 🍴 餐廳

Wasabi

物美價廉的日韓料理

一提 Wasabi 餐廳便聯想到從各國遠道而來倫敦求學的留學生了,因為在倫敦念書的費用很高,所以很多外國留學生選擇來這邊打工,除了賺生活費外,還能練習自己的英文。我在倫敦時,曾在 Wasabi 餐廳遇到多位來自各國的打工留學生,我曾好奇地問他們:「畢業之後想做什麼呢?是回國發展,還是在這裡找工作?」不過,他們多以正在工作,不方便聊天為由拒絕回答。

記得初來倫敦求學時,下課後想到 Wasabi 用餐,但因當時還不熟悉倫敦的物價,一翻開菜單看到價目表,著實讓我嚇了一跳,因為太貴了,最後只買了個小小的

三角飯糰果腹。從那次之後，每每放學路過，都不敢多做停留，更別提吃什麼好吃的了。不過，託一位在 Wasabi 餐廳打工的韓國朋友的福，讓我有機會吃到 Wasabi 餐廳的美味餐點。

Wasabi 的店名會讓人以為是日本人經營的，但事實上是韓國人在倫敦開的一家餐廳。雖然主打日式壽司，但也會供應韓式雞肉蓋飯、烤肉飯，還有刀削麵等麵食，種類多樣齊全，味道可口，口碑相當不錯。Wasabi 極注重食材衛生和新鮮，僅販賣當天製作的餐點，若餐點未售完，老闆會將這些食物分給在這裡打工的留學生們，有次，在那裡打工的韓國朋友帶了許多壽司、肉串和蓋飯回來，我也趁機大快朵頤一番。有時餐廳會舉辦一些「Cheep Eats」的活動，餐點價格大約在 5 英鎊左右，再加上不用付小費，因此深得顧客喜愛。

等我慢慢適應了英國的生活，才發現 Wasabi 餐廳的價位和英國本地許多餐廳相比一點也不貴，更顯得其物美價廉，因此每當想念起韓國料理時，我一定會造訪此間餐廳。經由這次旅行，也讓我對英國的高物價留下深刻的印象。

DATA

地址：439 Oxford Street London W1C 2PN
電話：020-7493-6422
時間：週一至週五 11:00 ～ 21:00；
　　　週六、週日 11:00 ～ 20:00
地鐵：Piccadilly Circus，Tottenham Court Road
網址：www.wasabi.uk.com

人氣商店

04 麵包店 Paul
難以抗拒的美味

Paul 是一間在巴黎極出名的麵包店，在許多國家都有分店。店裡的熱咖啡和起司蛋糕讓人難以抗拒，一到夜晚，店裡的商品幾乎都會銷售一空，所以我們常會看到去 Paul 購物卻空手而回的人。這間店內所販售的產品雖然價格不便宜，不過卻很值得一試喔！

Data
地址：277-278 Regent Street London W1B 2HD
電話：020-7491-8957
時間：週一至週五 07:30 ～ 20:30；
　　　週六、週日 08:00 ～ 20:00
地鐵：Oxford Circus
網址：www.paul-uk.com

05 服飾店 Primark
超便宜的人氣衣飾店

這是一間在英國相當受歡迎的服飾店，在英國各都設有分店。當你一推開 Primark 的大門就會被那衣服、鞋子、背包、配飾和居家用品完全吞噬，重要的是價格實在低廉。Primark 就是以低價為主賣點，商品十分多元，連襪子或是小孩的日常用也幾乎都可以買得到。除了節慶假日定期的折扣外，賣場也會舉辦一些促銷活動，幸運的話，有能用 6 英鎊買到一雙款式新穎的鞋子。
以英國普遍高的物價而言，這裡的價格實在是太濟實惠了，所以若選擇週末假日前來，可一定要心理準備，因為每到週末，Primark 裡的試衣間和銀檯前面都會排著長長的隊伍喔。

Data
地址：499-517 Oxford Street London W1k 7DA
電話：020-7495-0420
時間：週一至週五 08:30 ～ 21:00；
　　　週六 08:30 ～ 20:00；
　　　週日 12:00 ～ 18:00
地鐵：Marble Arch，Oxford Circus
網址：www.primark.co.uk

06 鞋店 Niketown
Nike 迷別錯過

在紐約、巴黎、大阪和倫敦牛津大街均設有分店的 Niketown，不僅能買到運動系列的產品（包含運動用品），還可以發現一般門市中從未出現過的限量版和特製款。Niketown 裡還有個專售足球系列商品的賣場「NIKE BOOTS ROOM」，深受廣大世足球迷喜愛。賣場各樓層都有可提供諮詢服務的員工，他們會針對服裝款式、訂製或購買產品等方面提供建議，希望讓消費者買到真正適合自己的商品。賣場中央著名的「NIKE iD STUDIO」裡，擺置鞋子、服飾、運動用品和裝備等各式各樣的產品，不僅展現當地人對時尚的審美觀念，更讓人看出 Nike 擁有全球頂級的設計團隊。

如果你是 Nike 品牌的愛好者，應該很嚮往有一天能造訪 Niketown，即便只是參觀也不錯，相信這裡的產品和店內的風格，一定能讓你覺得不虛此行。

Data

地址：236 Oxford Street Fitzrovia London W1C 1DA
電話：020-7612-0800
時間：週一至週五 10:00 ～ 21:00；
　　　週六 09:00 ～ 21:00；週日 11:30 ～ 18:00
地鐵：Oxford Circus

O7 River Island
服飾店 英國潮男愛牌

River Island 是英國極具知名度的時尚品牌之一，它的服裝和週邊商品種類繁多，包括：外套、褲裝、裙裝、內搭、鞋子、襪子、皮包、珠寶、飾品、禮品和化妝品等，絕對能滿足顧客從頭到腳的所有需求。其男裝款式不僅時尚更別出心裁，是 ZARA MAN、TOPMAN、H & M MEN'S 等許多知名品牌重視的競爭對手。雖然價格比 Topshop 稍微高些，但是 River Island 前衛創新的品牌風格，仍受到英國潮男潮女青睞。

DATA

地址：502-504 Oxford Street London W1C 1HG
電話：020-8991-4500
時間：週一至週六 10:00 ～ 20:00；週日 12:00 ～ 18:00
地鐵：Marble Arch，Oxford Circus
網址：www.riverisland.com

08 服飾店 Urban Outfitters
令人讚賞的設計

Urban Outfitters 的設計師群在服裝設計領域方面擁有讓人驚嘆的獨特理念，甚至有著令人忌妒的創作力。然而，Urban Outfitters 實際上是美國的品牌，雖進軍英國市場已數年，但英國的賣場無論在服裝設計或是店內擺設空間均較美國遜色，這點的確讓人感到失望。不過喜愛 Urban Outfitters 的顧客來此，並非像去一般商店購買衣服而已，絕大多數的人是要分享設計師們的創作理念，然後挑選一件特別且自己能駕馭的服裝。碰上品牌打折期，Urban Outfitters 就會聚集許多前來尋寶的顧客，特別是位於 2 樓的折扣區，只要花點時間細心挑選，很有可能購入低於 5 折物超所值的商品。另外 Urban Outfitters 不僅銷售服裝，也賣影音用品、書籍、兒童用品等。

DATA

地址：200 Oxford Street London W1D 1NU
電話：020-7907-0800
時間：週一至週六 10:00 ～ 21:00；
　　　週日 12:00 ～ 18:00
地鐵：Oxford Circus
網址：www.urbanoutfitters.co.uk

09 餐廳 Nandos
好吃的辣味烤雞

每當在倫敦思念起家鄉的辣味料理時，我便會去 Nandos 一解吃辣的相思之苦。
Nandos 是家葡式烤雞專賣店，光是想到它的烤雞和調味料就讓我直流口水，而且它
的調味料好吃到連超商都有在賣。Nandos 是依照烤雞大小來區分價位，譬如以 1/2、
1/4 等的烤雞份量來點餐，口味有 Herb & Lemon、Mild、Hot、Extra Hot 等，另外也提供
套餐，可以用更划算的價格品嘗美味的烤雞。而且大多數的倫敦餐廳連喝杯水都要付
錢，但 Nandos 的飲料卻能無限暢飲，無疑是一大賣點。

Data

地址：2 Berners Street London W1T3LA
電話：020-7323-9791
時間：週一至週三 11:30 ～ 22:30；週四至週六 11:30 ～ 23:00；週日 11:30 ～ 22:00
地鐵：Oxford Circus，Tottenham Court Road
網址：www.nandos.co.uk

10 百貨公司 Selfridges
吸睛的櫥窗設計

創立於 1909 年的 Selfridges 曾出現在《愛是您愛是我》電影中,其極具創意的玻璃櫥窗展示,吸引了許多人的目光(尤其是聖誕節前的創意設計更為有名)。Selfridges 有超過 300 家的精品進駐在此,除了世界頂級的名牌,如:Louis Vuitton、Chanel、Gucci、Dior 和Balenciaga 等之外,還有許多英國的本土品牌。而且這裡也有許多有名餐廳,提供多元料理,讓消費者在享受購物樂趣之餘也能享用各種美食佳餚。因此若以消費滿意度和採購的地點來評價的話,這裡絕對是不能錯過的最佳選擇。

Data

地址:400 Oxford Street London W1A 1AB
電話:080-0123-400
時間:週一至週六 09:30 ～ 21:00;
　　　週日 11:30 ～ 18:15
地鐵:Oxford Circus
網址:www.selfridges.com

漫步蘇活
Walking on Soho

五花八門的血拚重鎮

Soho 區的加納比街上（Carnaby Street）不僅有一間歷史悠久的 Liberty 百貨公司，還可以看見無數的酒吧、有特色的餐廳、公司和僅對同性戀者開放的俱樂部，同時這也是倫敦夜生活最豐富的商業街區。不過其中許多酒吧是不接待女性的，這種情形對於我們來說可能會感覺不習慣，但對當地的英國人而言卻是理所當然。

Carnaby 街被評定為「倫敦頂級的時尚街道」，多年來一直是時尚界的焦點，1960 年代時，曾經是披頭四、滾石樂團聚集的地方，許多觀光客因為這樣而喜歡在此購物閒逛，也讓 Carnaby 街儼然成了「60 年代的街頭博物館」。Carnaby 的主街道上都是一些具有年輕氣息的主流品牌，但其實最讓人感興趣的卻是坐落於副街道中那些接近 60 年代風格的精品小店。雖然這裡只有大約 150 公尺的距離，但卻聚集了許多特色商店，讓人可以盡情享受購物的樂趣。

每當耶誕節快來臨時，Soho 區的商店街就充滿了濃濃的過節氣氛，商家們無不絞盡腦汁妝點門面，當雪人形狀的大氣球飄在商店街的上空，耶誕節就真的快到了。這樣的氣氛很容易勾起人們的購物欲，荷包不小心就會大失血，不過，換個角度想，可以在挑選耶誕禮物的同時還能欣賞到異國的風情文化，也是一舉兩得的旅遊經驗。

Soho MAP

01 美術館、博物館

The Photographers' Gallery
精彩的攝影藝術

多數人或許認為美術館和博物館是那些學習藝術的畫家、設計師或喜愛藝術的人才會經常去的地方，當然，也有許多家長為了讓孩子從各類展覽中，學習到不同於課本中的豐富知識而帶著孩子前去參觀，藉以提升藝術素養。前一陣子就有一位朋友拜託我帶他的孩子去看畫展，在他的想法中，美術館並非任何人想去就可以去的，而之所以有這樣的想法，我想原因不外乎以下兩點：一、大多數的人並不了解展出作品的題材主旨，所以不太懂得如何挑選自己喜歡的去欣賞；二、許多人去看畫展，不懂如何鑑賞作品的優劣，無法分辨出畫作的精細度或好壞差別在哪？更遑論知道藝術家所要表達的意思了。

在歐洲絕大多數國家，藝術已融入當地人的日常生活中，倫敦許多與藝術相關的展覽中心也都很親民，不會讓人有距離感。The Photographers' Gallery 位於牛津大街附近的一條狹窄小巷中，雖然面積很小，但卻是倫敦最大的公共藝術空間，致力於推廣攝影藝術，培育新秀，建立藝術家們的相關檔案。

在 The Photographers' Gallery 裡，你可以看到不同型態的攝影藝術，欣賞到最新的攝影風格，這個兩層樓的藝術空間，展示了許多當代優秀攝影作品、電影和相關器材。也許有人會問：「欣賞攝影藝術一定要到美術館嗎？現在網際網路這麼發達，上網欣賞不就可以了嗎？」如果你也存有這樣的疑問和想法，真心的建議你走一趟美術館，親身體驗一下臨場的感受。

攝影與我們一般認為的照相是截然不同的，把自己眼睛所見結合內心世界的那個部分，藉由特殊的方式記錄下來，也許就是一件好的藝術作品。除了愛上館內的攝影展之外，這裡吸引我的另一個原因，就是位於 1 樓的小書店和咖啡廳。

咖啡廳的牆上隨意掛著許多藝術家的作品，不大的空間中，總是聚集了許多熱愛藝術的同好，所以經常可以看到一邊吃著三明治、喝著咖啡，一邊欣賞攝影展的人。我在 The Photographers' Gallery 的書店裡買過的明信片和桌曆，都會特別擺放在屋內某個醒目的位置，每當我看到這些東西時，就會回憶起那些沉浸在藝術氛圍裡的美好時光。

Dаtа

地址：16-18 Ramillies Street London W1F 7LW
電話：020-7087-9300
時間：週一至週六（週四除外）10:00 ～ 18:00；週四 10:00 ～ 20:00；週日 11:30 ～ 18:00
地鐵：Oxford Circus
網址：www. thephotographersgallery.org.uk

Stromboli's Circus

穿出自己的個性

我在倫敦生活最大的樂趣就是能夠看到許多時尚達人。回想剛來的時候，看著倫敦街道上來往的行人，對他們的穿著頗為訝異，心裡納悶著，這樣一個知名的大城市，穿著打扮不是應該更時尚嗎？不過隨著自己對這個城市逐漸熟悉，開始了解他們的品味後，就經常被當地人的打扮吸引了。但對於只是來英國短期觀光的遊客而言，會讓他們產生濃厚興趣的應該是那些著名的旅遊景點，如：特拉法加廣場、大英博物館或大笨鐘，大於當地人的穿著吧！

英國人有種特殊的穿衣魅力，即便是相同款式的服裝，穿在不同的人身上就展現出截然不同的風格，所以走在路上就算撞衫也不會尷尬，因為透過穿搭技巧，就可以打扮出屬於自我的風格。這讓我想到世界名模凱特摩絲曾經說過：「出門前，我會照照鏡子，然後將不喜歡的衣服脫掉。」而另一位世界知名的創意總監菲比菲羅也說過：「倫敦的時尚達人會運用各種方法和穿衣巧思，讓自己更有自信與魅力。」

近來只要看到電視上藝人的穿著，很容易聯想到倫敦的時尚達人們，因為他們的穿著與那些藝人極為相似，但在此基礎上，卻又很能發揮巧思，穿搭出屬於自己的風格。我特別要推薦的商店是 boutique shop 和 vintage shop，尤其是 vintage shop。這裡每一種款式的衣服都只有一件，換句話說，你可以買到由國際級服裝設計師設計的，世界上獨一無二的衣服，因此這間店受到廣大顧客的喜愛。除此之外，vintage shop 也會販售一些二手衣物，在他們眼中，那些設計獨特且富時代印記的服裝更能激發人們的穿搭熱情。

如果你和我一樣喜歡在倫敦旅遊和購物，那麼也不能錯過這間位於 Kingly Court 的商店—— Stromboli's Circus，其別出心裁的櫥窗設計，吸引著過往行人進入商店內。Stromboli's Circus 主要販售的是古董家具、服飾、鞋帽等，牆上掛著 20 世紀 70 和 80 年代的照片，展現復古風情，讓人彷彿走進時光隧道，也像是走入了一間精緻的博物館內，情不自禁地在此駐足。

時尚達人出沒地點

1. Street fashion 的 Mecca Brickline、Trendy、
   Central Topshop。
2. 倫敦大街假日期間打折的商店。
3. 聖路易馬丁服裝設計學校附近，時尚人
   士常逛的 Hotshop。

DATA
地址：Unit 1.5/6 Kingly Court Soho London
　　　W1B 5PW
電話：020-7734-1978
時間：週一至週六 11:00 ～ 19:00；
　　　週日 12:00 ～ 18:00
地鐵：Oxford Circus，Piccadilly Circus

Tesco, Sainsbury's, Marks & Spencer

逛超市的樂趣

我喜歡逛超市，但是和一般純粹去買生活日用品的人不同，我喜歡將超市的每個角落都逛遍才甘心，結果常是在結帳時超過預算許多。到國外的超市購物，可以讓你更快融入當地生活，看到每樣東西都覺得新鮮，若是出現自己沒見過的食物和精美的包裝時，心裡就會冒出「原來他們會吃這個呀！」「哇！這種包裝太神奇了吧！」諸如此類的想法。當然，到超市不單只是閒逛，主要還是要採買一些生活用品，所以我約莫一週會去一次，每次要去之前，都會覺得莫名興奮。另外，由於倫敦當地人喜歡到超市購物，所以很難看到便利商店，當你到倫敦旅遊時，請千萬要先確認住宿的地方附近有沒有超市。

在英國的超市中，TESCO 的價格比較便宜，Marks & Spencer 的價格比較貴。區別在 TESCO 中有許多折扣商品和自己研發的產品，尤其是食物的價差更為明顯，而 Marks & Spencer 裡可以買到較高級的食材，當然價格也就相對昂貴些。我在英國時最常去的超市還是 TESCO，主要的原因並非價格，而是它的便利性。TESCO 在全英國設有許多分店，當有生活用品或食品所需時，就可以到鄰近的 TESCO 購買，既方便又省時。不過，我還是常常跟朋友討論在 TESCO 與 Marks & Spencer 購物的不同心得。

若你去逛 TESCO，我特別推薦 4 樣商品：一、物美價廉的橘子，一袋的價格大約 1.5 ～ 2 英鎊，可以補充在旅途中消耗的體力和維生素；二、Activia 穀物優酪乳，1 包 4 個大約 1.6 英鎊；三、Innocent 機能性飲料，這是一種健康飲品，包裝非常精美，最後一個不能錯過的是 Nandos 醬，有多種口味可以選擇。除此之外，這裡也有販售超市自製的三明治、壽司等食品，不僅價格便宜還時常會有買 2 送 1 或買 3 送 2 的促銷活動。

不管是在倫敦或是到其他歐美國家旅行時，我都會提前請身邊有在當地工作過或是留學過的朋友幫忙我打電話詢問超市的所在位置，並且請他們推薦一些當地的特產或一定要嘗鮮的食品。舉例來說：到了義大利就一定要喝當地的咖啡；在巴黎就絕不能錯過當地的紅酒……，這些在自己國家可能得花數倍以上的價錢才能買到的東西，怎麼能輕易錯過呢！

04 家具 / 家飾品店

Habitat

具設計感的時尚家飾品

在英國，與他人合租一間公寓居住是很普遍的。合租意指至少兩人以上租住一間房間或是一層公寓，合租人可以共同使用屋裡的廚具、廚房和浴室。剛來倫敦時，我並不習慣這樣的居住模式，總覺得不同國籍、性別、年齡的人，要如何才能和睦共處於同一個屋簷下呢？萬一運氣不好遇到變態室友，趁我不在家時，隨意出入我的房間該怎麼辦？不過這些只是我一部分的困擾，最令我不安的是，才到倫敦不久的我，語言能力根本還不行，所以該如何和室友們溝通交流就成了我最大的問題。現在跟我同住的室友共有 3 人，其中一對兄弟是當地人，另一個則是韓國女生。他們 3 個認識的時間比較久，不過我們 4 人算是相處得挺不錯的。

我一直熱衷於觀光旅行，從過往經驗中發現，旅行的歡樂指數與運氣好壞有極大的關係。例如：旅行中的天氣好壞、遇到的人個性優劣抑或是造訪的地方如何，都直接決定了這次的旅行會為你留下什麼樣的記憶。假設你剛到一個陌生的環境錢包就被偷了；想出門走走卻發現天空下起了大雨；到咖啡廳優閒地享受一下，竟有個眼露兇光的人不時地往你那瞅去，那麼這樣的旅行會留下什麼印象呢！但是，我自認是個運氣還不錯的人，所以租到一間滿意的房子也和室友們相處融洽，讓我對這次的倫敦之旅充滿了期待。我的室友中有對相當愛乾淨的兄弟，我甚至一度懷疑他們應該有潔癖。不過也還好有他們在，我們的生活環境才能如此舒適、乾淨又愜意。

我分配到的房間雖然是在閣樓上，但所有家具和隔間可是一應俱全。一開始我還以為所有房間的格局應該

Verdi

都差不多，但後來才發現，能選到這個房間的我簡直得到了上天的恩賜呀，因為和其他室友的房間相比，他們房內的擺設、格局實在與我有天壤之別。

兩個月後，同住的韓國女室友，因為一些私人事情需要搬離這裡，在她離開前，我陪她去買了一些新家所需要的生活用品。這女孩在倫敦已經生活了一段時間，所以對這裡各大超市、百貨公司內的物品和價格都非常熟悉，可算是個很在地的倫敦人了，於是我們逛了 Habitat、Zara Home、Primark、IKEA 等家居用品店。這幾間商店若依價格優惠順序排列，Primark 絕對是首位，接下來分別是 IKEA 和 Zara Home，價格最高的則是 Habitat。但因為她最喜歡 Habitat 的設計和商品的多元性，所以我們先去逛了 Habitat。

Habitat 是國際知名設計師 Terence Conran 一手創立的家具連鎖店。他希望將所有優質、時尚的家具家飾和生活用品帶到普羅大眾的居家環境中，在紐約、巴黎、東京、福岡都設立了品牌店 Conran Shop，1998 年又推出了以他名字命名的生活品牌 Terence Conran Collection，銷售 1000 多種由他親自帶領的團隊所設計的個性精品，成為世界各地 Conran Shop 的主線商品，因此，他的時尚美學概念已然成了英國設計商品中的佼佼者。除此之外，Habitat 的燈具也很出名，無論設計理念、材質運用等都很突出，其中更有許多是出自於一線知名設計師之手。

我的消費習慣是每到一個國家或地區旅遊,一定會購買當地具有代表性的商品作為紀念。例如:英國常被大家稱為「雨都」或「霧都」,所以這裡的雨具和靴子種類相當多樣化,設計也十分新穎,而隨著英國飲茶文化發展的影響,茶具在設計和材質上也十分講究。除此之外,最讓我感到特別的就是這些與室內裝飾有關的產品設計,從外觀上看似大同小異的英國建築,一旦進入室內卻有意想不到的驚喜。現代的英國人喜歡混搭的風格,同一個室內空間中巧妙的融合了懷舊和現代感,所以對我而言,在倫敦一定要買些家飾品,因為這裡聚集了最優秀的設計師,絕對值得看好就入手!

Data

地址:121-123 Regent Street London W1B 4TB
電話:084-4499-1134
時間:週一至週六(不含週四)10:00 ～ 19:00;週四 10:00 ～ 20:00;週日 11:30 ～ 18:00
地鐵:Piccadilly Circus
網址:www.habitat.co.uk

05 禮品店 Scribbler
傳遞有溫度的祝福

隨著網路的普及，許多人開始利用 e-mail
和電子賀卡取代傳統郵寄卡片方式來傳遞
訊息和問候，不過，過往以手寫的賀卡和
書信，那種傳遞手感溫度的問候才更令我
懷念。紙質的信封、信紙，各式造型的賀
卡和生日卡，彷彿隨著它們就可以回到當
年那個純真年代。

在倫敦的 Scribbler 商店裡，有許多設計
出色的賀卡和信紙，就好像在異鄉遇到一
位多年不見的好友一般令人興奮。倫敦人
喜歡將對朋友的祝福或是對戀人的告白，
一字一句的書寫在用心挑選的賀卡中，所
以，在倫敦的大街小巷幾乎都可以看到銷
售明信片和賀卡的商店。Scribbler 的賀卡
是我認為種類相當多且設計新穎的商店之
一，看著店內販售的商品，就像是欣賞藝
術品一般。

英國人每逢情人節時，有寫信給心上人的
習俗。在小小的卡片上寫滿對對方的愛
意，字字句句都承載著濃濃的情感，讓人
覺得相當浪漫。這樣的情境也讓我回想起
年少時初次收到情書，臉紅心跳又激動的
心情。

DATA

地址：104 Wardour Street London W1F OTP
電話：020-7434-0527
時間：週一至週五 09:00 ～ 20:30；
　　　週六 11:00 ～ 20:00；
　　　週日 12:00 ～ 18:00
地鐵：Piccadilly Circus
網址：www.scribbler.co.uk

06 百貨公司 Liberty
不虛此行的購物體驗

倫敦 Liberty 百貨創建於 1875 年，是以銷售家具家飾用品為主的知名大型百貨公司。能夠擁有該店銷售的商品，在當地幾乎可算是一種身分地位的象徵，所以相當受到歡迎。主要商品包括布料（如有名的佩斯利螺旋花紋呢）、名牌精品、服飾和化妝品。這是一間相當具有英國傳統風格的百貨公司，古老且頗具歷史性的木質地板、精心設計的電梯、醒目的陽台和玻璃中庭，在在帶給消費者炫目的視覺享受和購物體驗，讓人流連忘返。即便沒有多餘的時間慢慢閒逛，只是走馬看花單純欣賞這百年建築和精緻裝潢都會讓人感到不虛此行。

Data

地址：Regent Street London W1B 5AH
電話：020-7734-1234
時間：週一至週六 10:00 ～ 20:00；週日 12:00 ～ 18:00
地鐵：Oxford Circus，Piccadilly Circus
網址：www.liberty.co.uk

49

07 服飾店 Dahlia
年輕女孩的流行指標

走在倫敦街頭，大多數少女的穿衣風格與《花邊教主》影集女主角可愛又具時尚感的衣服大同小異，例如在 Soho 區就經常可以看到以俏皮短裙配上時尚馬靴的女孩們。Dahlia 是一間專為少女手工製作服飾的店家，成立於 2000 年，也是 Carnaby Street 非常受人矚目的流行女裝精品店之一。雖然店面不大，但在麻雀雖小，五臟俱全的室內空間裡，擺放了許多的服裝和飾品，在店家巧思搭配下，絕對讓人心動不已。

Data

地址：8 Fouberts Place London W1F 7PD
電話：020-7287-7117
時間：週一至週三、週五 11:00 ～ 19:00；
　　　週四 11:00 ～ 20:00；
　　　週六 10:00 ～ 19:00；
　　　週日 12:00 ～ 18:00
地鐵：Oxford Circus，Piccadilly Circus
網址：www.dahliafashion.co.uk

08 服飾店 Twosee
精緻的品牌風格

Twosee 是一個發展十分迅速的品牌，不論是服裝的款式還是店面的設計，都展現出新穎又有個性的特色，黃與黑的搶眼組合，並不覺突兀，反而突顯了品牌的精緻風格。

Data

地址：21 Fouberts Place London W1F 7QE
電話：020-7494-3813
時間：週一至週六 10:00 ～ 18:00；
　　　週日 12:00 ～ 18:00
地鐵：Oxford Circus，Piccadilly Circus

09 服飾店 Upper Playground
以街頭文化為創作靈感

倫敦是一個充滿藝術氣息的城市，在這裡你可以發現許多令人嘆為觀止的設計作品。Upper Playground 的服裝以街頭文化為題材，從早期的 Hip-hop、體育、流行文化、滑板及塗鴉，以至小眾電影與市區風貌，創作靈感隨處可見。這樣的設計方向讓消費者明顯感受到自己與品牌反映出的形象和生活方式息息相關，進而喜愛和認同。Upper Playground 一直致力於擔任前衛都市生活模式的代表，總部設於舊金山港灣區，在世界各地都有分店，已成為新當代藝術運動的領導者。Upper Playground 裡除了服裝之外還有流行飾品、書籍、杯具、畫作、抱枕等商品。

Data

地址：31 Kingly Street Soho London W1B 5QB
電話：020-7734-8705
時間：10:00 ～ 19:00
地鐵：Oxford Circus，Piccadilly Circus

10 鞋店 Size?
名牌球鞋絕版品

Size ？是英國著名鞋店，在許多大城市都設有分店，店內販售 Nike、Adidas、Converse、K‧swiss、New balance、Puma、Fila 等眾多品牌，重點是有許多其他地方看不到或無法買到的絕版品及特殊鞋款。而 Size ？本身就是一個品牌，出售一些特別的潮服，店面裝潢也非常吸引人，讓人有購物的欲望。除此之外，店內有免費的《Size Magazine》，提供顧客最新商品訊息和實用的購物指南。

Data
地址：31-34 Carnaby Street London W1F 7DW
電話：020-7287-4016
時間：週一至週六 10:00 ～ 20:30 ；
　　　週日 12:00 ～ 18:00
地鐵：Oxford Circus，Piccadilly Circus
網址：www.size.co.uk

11 鞋店 Converse
歡迎粉絲來尋寶

在英國或其他歐洲國家購買 Converse 的鞋子，還不如就在自己國內買吧！因為英國的物價實在太高了。我一位朋友曾經在韓國買了數十雙的 Converse 再轉賣到英國，價差的利潤還挺可觀的。既然如此，為何我還要推薦這間鞋店呢？因為這裡是 Converse 的總部，如果你是 Converse 的忠實粉絲，那麼位於 Size ？樓上的這間店絕對可以滿足你的需求，店裡除了販售運動系列商品外，許多在一般門市看不到的限量商品或特製款，都有可能在這裡尋到寶。

Data
地址：33-34 Carnaby Street London W1F 7DW
電話：020-7287-4016
時間：週一至週六 10:00 ～ 20:00 ；
　　　週日 12:00 ～ 18:00
地鐵：Oxford Circus，Piccadilly Circus

12

鞋店

Irregular Choice
限量生產的潮牌

Data

地址：35 Carnaby Street London W1F 7DP
電話：020-7494-4811
時間：週一至週六 10:00 ～ 20:00；週日 11:00 ～ 19:00
地鐵：Oxford Circus，Piccadilly Circus
網址：www.irregularchoice.com

Irregular Choice 是英國潮人最喜愛的品牌，商品包羅萬象，除了鞋子之外還有服飾、包包、家飾品等，品牌特色為像童話般的可愛圖案和古靈精怪的華麗設計，不僅款式新穎、色彩大膽豐富，就連鞋底和外包裝都設計得像個精緻的藝術品。因為造型十分特殊，加上不只鞋型特別，連鞋底都經過精心設計，所以在英國相當受到歡迎，店內每種款式和尺碼都限量生產，想買動作可得要快。

13

飾品店

The Great Frog
造型奇特的流行飾品

The Great Frog 以銷售各種造型特殊的銀飾著名，深受藝人和追求個性的潮人喜愛。用各種水晶礦石設計的骷髏戒指和略帶龐克風的項鍊手環，顯現風格強烈的品牌精神，在各大時尚雜誌中，都可以看到它們的飾品出現，也成了現代流行元素中不可缺少的一環。

Data

地址：10 Ganton Street London W1F 7QR
電話：020-7439-9357
時間：週一至週六（週四除外）10:30 ～ 18:30；
　　　週四 10:30 ～ 19:30；週日 12:00 ～ 18:00
地鐵：Oxford Circus，Piccadilly Circus
網址：www.thegreatfroglondon.com

14 飾品店

Anna Lou of London
迷人的英式甜美風

Anna Lou 是典型英倫甜美風格的代表之一，色彩單純明亮、設計感十足，初看會覺得帶有一點俏皮的小叛逆，但仔細端詳後，那種英式的戲謔自嘲感便油然而生。雖然是走甜美風格，但卻明顯與日式和法式的甜美有很大的區別，展現另一種迷人氣質。在時髦且行動快速的都會生活裡，能將英式的優雅細緻用童趣表現出來的，只有倫敦最能滋養這樣的魅力！

Data
地址：11 Newburgh Street London W1F 7RW
電話：020-7434-1177
時間：週一至週六 11:00 ～ 19:00；
　　　週日 13:00 ～ 18:00
地鐵：Oxford Circus，Piccadilly Circus
網址：www.annalouoflondon.com

15 服飾店 Year Zero
奇特有趣的時裝風格

瑪丹娜、潔西卡辛普森、維多利亞貝克漢等眾多明星都熱愛龐克那種獨一無二的風格，也就是 Quirky style，意指多變、古怪、奇特。許多人喜歡用這個字眼來形容倫敦的時尚風格，而倫敦的設計師也的確能將大家日常所穿戴的包包、衣服、帽子等用品，改造得時尚且流行，令人大開眼界。如果你也喜歡這樣多變又有趣的裝扮，那麼絕不能錯過 Year Zero，一定會讓你有挖到寶的感覺。

Data

地址：37 Beak Street London W1F 9RZ
電話：020-7734-7727
時間：週一至週六 11:00 ～ 20:00；
　　　週日 14:00 ～ 19:00
地鐵：Oxford Circus，Piccadilly Circus
網址：www.yearzerolondon.com

「C」型購物中心

Kingly Court

從外觀看來這些商店以「C」型排列，從上到下分為 3 層，中間則規畫了一個休閒的露天廣場，這種特殊的設計，被稱為「國王的後花園」。在這 3 層建築物裡大約有 30 間個性小店，種類包羅萬象，如：美容店、咖啡館、小藝廊、服飾店、手工藝品店、書店、珠寶店，甚至還有瑜伽健身中心。每一家店都各具特色，營造出不同的氛圍，且都有大片透明玻璃窗，可以清楚看到店內的裝潢和商品。

16 個性小物 Birdcage
東西混搭的有趣商店

Birdcage 內的商品不僅有現今最流行的元素，還結合了一些中國、日本等東方元素。櫥窗一隅可看見擺放日本招財貓及明星們到這裡購物的照片。先別以東方人的觀點來看這間店，要以歐洲人的角度來觀察這裡的裝潢和設計，就會發現它的獨特之處。Birdcage 主要銷售玩具、皮包、飾品、掛飾等，其中有一些是店家特別從中國和日本買回來的各式新奇小物。

Data

地址：1.13 Kingly Court Soho London W1B 5PW
電話：020-7494-3828
時間：週一至週六（週四除外）11:00 ～ 19:00；
　　　週四 11:00 ～ 20:00；週日 12:00 ～ 18:00
地鐵：Oxford Circus，Piccadilly Circus

17

個性小物

Mnini
可以量身打造專屬商品

Data

地址：Kingly Court Soho London W1B 5PW
電話：020-7494-9086
時間：週一至週六 11:00～19:00；週日 12:00～18:00
地鐵：Oxford Circus，Piccadilly Circus

Mnini 的商品以新穎獨特的設計著稱，除了服裝和飾品，還有手工製作的燈罩、抱枕之類的家飾用品，除此之外，也可以依照顧客的喜好和品味，量身打造專屬的商品。Mnini 有非常溫馨的購物環境，進入店內就像到朋友家作客一般，可以輕鬆自在的挑選喜歡的商品，不會有緊迫盯人的店員來打擾，同時，店家精心設計的包裝也相當令人滿意。

18

服飾店

Lazy Oaf
詼諧可愛的T恤

Data

地址：2 Ganton Street London W1F7QL
電話：020-7287-2060
時間：週一至週六（週四除外）10:30～19:00；
　　　週四 10:30～20:00；
　　　週日 12:00～18:00
地鐵：Oxford Circus，Piccadilly Circus
網址：www.lazyoaf.com

Lazy Oaf 是懶惰、笨蛋的意思，成立於 2001 年，直到 2004 年才擁有自己的店鋪。這間商店銷售的都是自家設計的 T 恤和雜貨，以慵懶的設計表達快樂的情緒，尤其是詼諧逗趣又有個性的 Graphic T 恤，因為圖案設計總令人會心一笑，而且物美價廉，所以非常適合當作禮物送人。如果你很好奇到底是怎樣的一群人可以設計出如此搞笑可愛的服裝，可到 Lazy Oaf 的官網一探究竟，裡面有設計師們的照片和有趣的訪談，或許可以在其中找到答案喔！

19 服飾店 Marshmallow Mountain
有質感的二手衣物

Marshmallow Mountain 是一間二手服飾店,每次經過都會看到勤勞的店家,一邊幫櫥窗內的模特兒換裝,一邊自言自語:「啊!就是要這麼穿才會漂亮呀!」這類的話。一般東方人對於二手衣,在心理上多會有偏見且不易接受,雖然覺得店裡的衣服都很漂亮,也喜歡它的設計感,但只要想到是別人穿過的衣服,就不太願意把它穿在身上了。

Marshmallow Mountain 裡除了服裝之外,還有許多精緻的鞋子和飾品,商品不僅乾淨,而且也很有質感,更重要的是跟新品相較,價格可是親民多了。

DATA

地址:Ground Floor Kingly Court Soho London W1B 5PW
電話:020-7434-9498
時間:週一至週三 11:00 ～ 19:00;
　　　週四至週六 11:00 ～ 20:00;
　　　週日 12:00 ～ 18:00
地鐵:Oxford Circus,Piccadilly Circus
網址:www.marshmallowmountain.com

20 Super Superficial

服飾店

無名設計師的展示舞台

Data

地址：22 Earlham Street London WC2H 9LN
電話：020-7240-6116
時間：週一至週六 11:00 ～ 19:00；
　　　週日 12:00 ～ 17:00
地鐵：Covent Garden，Leicester Square
網址：www.supersuperficial.com

Super Superficial 是一家 T 恤專賣店，在英國各地都設有分店。店內設計簡約，擺放了各種顏色和款式的 T 恤，每件 T 恤上都燙印著不同的花色圖案，而這些圖案都是由一些不知名的設計師創作的。他們將自己設計的圖案交給 Super Superficial，篩選之後，Super Superficial 將富有創意的圖案印製在衣服上販售，所得則由設計師和 Super Superficial 按比例分。如果你也是一個喜歡創作的人，也希望自己設計的作品有機會展式和銷售，那麼不妨到這間店來逛逛。

21 Supernice
家飾店 藝術壁紙專賣店

Supernice 是一家銷售平面藝術風格壁紙的商店，但因店內空間不大，所以只展示出一小部分的商品，若想要看所有的作品，建議先上 Supernice 的官網，挑選自己喜愛的款式和色系，再電話詢問或到店購買。

Data
地址：1 Kingly Court Soho London W1B 5PW
電話：020-7287-5294
時間：週一至週六 11:00 ～ 19:00；
　　　週日 12:00 ～ 18:00
地鐵：Oxford Circus，Piccadilly Circus

漫步柯芬園
Walking on Covent Garden

精彩豐富的街頭表演

科芬園是來到倫敦絕對不能錯過的一個地方。漫步在科芬園的街道上，你可以細細品味優閒、自在的氛圍，發掘處處潛藏著的驚喜。例如著名的街頭藝術表演，這裡看到有人大膽的走著鋼索，另一端則是莊嚴地演奏著管絃樂，又突然聽到有人即興表演義大利歌劇，著實令人驚艷。如果喜歡他們的表演，可回報少許金錢鼓勵表演者，即便沒有任何人給予金錢鼓勵，許多人還是自得其樂的在此享受著自己的生活。

科芬園已有 300 多年歷史，至今仍是許多觀光客「品味」倫敦的第一選擇。其中充滿活力與魅力的露天市集最值得一逛，如：著名的蔬果市場和狂歡市集就有許多攤位專賣一些精緻的服飾、手工藝品、小古董和禮品等。走在科芬園的街道上，跟著從世界各地慕名而來的觀光客們，一起感受這裡令人神往的神奇魔力吧。

Covent Garden
MAP

DENMARK STREET

EARNSHAW STREET

ST

STACEY STREET

WEST S

1 Covent Garden Market

   * Whittard of Chelsea

   * Candy Cakes

   * Octopus

2 Les Nereides

3 Cath Kidston

4 Thomas Neal's Centre

   Superdry

5 Neal's Yard

6 Orla Kiely

7 Magma Books

8 Magma

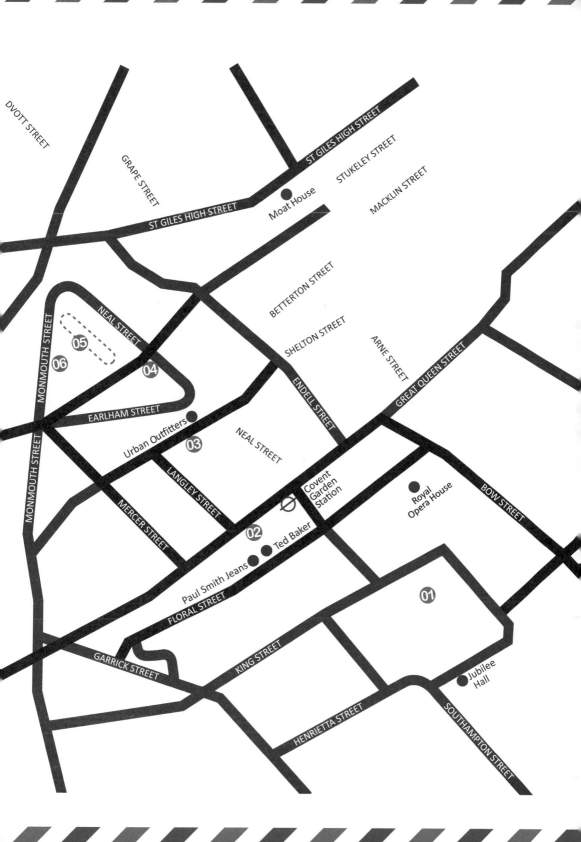

01 茶專賣店

Whittard
of Chelsea
記憶深刻的茶香

不久前整理衣櫃的時候,找到一件許久未穿的毛衣,赫然發現原來尋找已久的毛衣是放在這裡呀!順手將毛衣拿出來時聞到一股洗衣精的淡淡香味,頓時在倫敦旅行的點點滴滴都浮現眼前,這才發現這些美好記憶從來未曾忘記,只是放在心底深處。也許是因為倫敦洗衣精的味道太濃太香,時間都過了這麼久,這件毛衣居然還存留著洗滌過的香味,不過這倒讓我想起了在倫敦居住時有潔癖的兄弟室友,每次只要是他們負責打掃環境,那房間的每個角落必定充滿清潔劑的清香。

在倫敦生活的時候，雖然洗衣精和清潔劑的香味讓我留下深刻印象，但若真要聊起有關味道這個話題，至今最令我難忘的應該要屬 Whittard 紅茶。倫敦人愛喝下午茶可說是眾所皆知，因此茶的選擇不計其數。而我是每天一定要來杯茶或咖啡，用不用餐反倒其次的人，在我的想法裡，反正在倫敦連喝水都要花錢，那不如選擇自己喜歡的食品吧。

雖然英國最有名的是以專為皇室提供茶品而聞名的 Fortnum 和 Mason 兩品牌，但 Whittard 卻最得我心。也許是因為 Whittard 店裡總是提供各種不同的茶飲讓顧客隨意品嘗，且會經常變換口味，這麼貼心的舉動，當然讓我深受吸引。想想在倫敦這樣一個高物價的城市，做任何事都要花錢，能碰到這種免費的試飲是多麼讓人開心的事情呀！Whittard of Chelsea 建立於 1886 年，以銷售紅茶著名，不僅品質佳、口感一流，價格也不會貴到令人咋舌。同時，Whittard 裡有上百種不同風味的茶，從茶包到茶葉，不管紅茶、綠茶、花草茶、水果茶、複合調味茶，種類多到令人眼花撩亂。當然，Whittard 不只銷售茶品，烘焙咖啡和調味咖啡也是他們的主打商品，除此之外還有即溶茶、熱巧克力和精美的茶具等等，是購買伴手禮的好選擇。

我曾經相當懊悔，這麼好喝的紅茶當初怎麼不多買一些帶回國呢？所以若您讀到我這篇文章，有機會造訪倫敦的 Whittard of Chelsea，請一定要親自品嘗一下那裡的茶，記得多買一些分送親朋好友，讓他們在品茶的同時，也可以徜徉在英國飲茶文化的優雅氛圍中。

DATA

地址：17 The Marketplace Covent Garden London WC2E 8RB
電話：020-7240-3532
時間：週一至週日 09:30 ～ 21:00
地鐵：Covent Garden，Tottenham Court Road
網址：www.whittard.co.uk

02 生活雜貨

Cath Kidston

很環保的個性品牌

Data
地址：28-32 Shelton Street Lodon
　　　WC2H 9JE
電話：020-7240-8324
時間：週一至週六 10:00 ～ 19:00；
　　　週日 12:00 ～ 18:00
地鐵：Covent Garden
網址：www.cathkidston.co.uk

對於平時單純瀏覽一些自己關心的部落格，或有時在感興趣的文章中小小發表一下想法的我而言，某一天突然發現自己的部落格點閱率爆增，實在非常詭異！「怎麼一下子就吸引這麼多人來看呢？」基於好奇心仔細觀察之後發現，這些訪客幾乎都是透過「Cath Kidston」這個關鍵字搜尋到我的部落格，我才驚覺「原來有這麼多人喜歡 Cath Kidston 這個品牌呀！」

記得初訪 Cath Kidston，是我在倫敦旅遊時遇到的一位嚮導所介紹的。初次看到這位嚮導就覺得她非常有氣質，衣著打扮也極有品味，普通的一件襯衫也能讓她穿出與眾不同的風格，尤其是她家的鞋櫃裡，整齊地擺放著許多款式獨特又新穎的鞋子，真讓我不得不驚嘆這女孩購物的功力和眼光。剛到倫敦時，對於一切都不熟悉的我經由她的幫忙，造訪了許多旅遊雜誌中沒有提到的特色商店，「Cath Kidston」就是其中的第一家。

Cath Kidston 是一家結合了碎花圖案、圓點、田園風景等鄉村風格的英國品牌。產品有裙裝、包包、配件、手提袋、雨傘、家飾用品等，極受當地女性顧客喜愛。Cath Kidston 簡樸自然的環保布袋給人一種反璞歸真的親切感，為避免河川汙染問題，使用完全未經漂白的純棉布印製。在英國有 13 間分店的 Cath Kidston，世界各地也都有它的蹤跡，在日本也相當受歡迎。

Cath Kidston 在英國的價格不便宜，其他海外分店的價格更不容小覷，所以，如果有機會到英國旅行，又很喜歡 Cath Kidston 商品的朋友，還是在英國當地購買比較划算。

人氣商店

03

飾品店

Les Nereides
打動女孩心的夢幻飾品

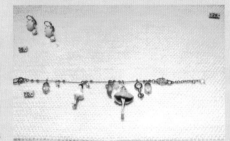

Les Nereides 是充滿童趣又夢幻的法國知名品牌，店裡的飾品讓人感覺彷彿進入了《愛麗絲夢遊仙境》中的奇幻世界。飾品設計以女性喜愛的可愛風格為創作主軸，店內的設計呈現夢幻與時尚交織的浪漫氛圍。2004 年 Les Nereides 創立了副牌 N2，將女性心目中的奇幻夢想以更活潑生動的作品表現。Les Nereides 因其別出心裁的設計而深受法國、英國、韓國、日本和香港等地的女孩們喜愛。在倫敦的分店僅有一家，千萬別錯過這個令人驚艷的地方。

Data
地址：35 Long Acre Lodon WC2E 9JT
電話：020-7379-9197
時間：週一至週六（週四除外）
　　　10:30 ～ 19:00；
　　　週四 10:30 ～ 20:00；
　　　週日 12:00 ～ 18:00
地鐵：Covent Garden
網址：www.lesnereides.com

04

生活雜貨

Orla Kiely
復古與時尚的完美結合

Data
地址：31 Monmouth Street London
　　　WC2H 9DD
電話：020-7240-4022
時間：週一至週六 10:00 ～ 18:30；
　　　週日 12:00 ～ 17:00
地鐵：Covent Garden
網址：www.orlakiely.com

Orla Kiely 是一位以圖案設計聞名的英國設計師，1997 年成立品牌 Orla Kiely，立刻大受歡迎。以豐富的色彩和簡潔的葉片圖案，打造出令人印象深刻的普普復古風，這種將復古的靈感和現代的時尚元素結合的設計，也正是她廣受女性歡迎的原因。現在的 Orla Kiely 除了早期的包款和手提袋之外，產品線擴展到旅遊用品、家居產品、廚房衛浴用品、女裝、飾品配件甚至文具系列。店內的每一件商品都讓人愛不釋手，即使價格比較昂貴（單件裙子或背包大約 200 ～ 300 英鎊），也絲毫不減我對這品牌的忠誠和購買欲。

05 個性小物 Magma&Magma Book
年輕人的愛店

Magma 和 Magma Books 相距約
50公尺，Magma 販售許多類似
「BARBAPAPA」和「龍貓」等
卡通形象的玩偶，還有一些設
計奇特的文具小物。

Data
Magma
地址：8 Earlham Street London WC2H 9RY
電話：020-7240-8498
時間：週一至週六 11:00 ～ 19:00；週日 12:00 ～ 18:00
網址：www.mymagma.com

Data
Magma Books
地址：16 Earlham Street Covent Garden London WC2H 9LN
電話：020-7240-7571
時間：週一至週六 11:00 ～ 19:00；週日 12:00 ～ 18:00
網址：www.mymagmabooks.com

Magma Books 則是一家書店，主
要銷售雜誌、專業書籍等商品，
另外也販售一些小玩具和DVD。
兩家店的空間都不大，但是東西
五花八門，而且商品售價親民，
很受年輕人的歡迎。

購物中心

Neal's Yard
風格獨特的購物空間

坐落於小巷內的 Neal's Yard，是一間聚集了 Neall's Yard Salad Bar、素食咖啡、環保文具、美甲店、護膚店等店的購物區。沿著彎道走進就令人眼睛一亮，因為一個小小的角落卻有這麼多風格獨特的商店林立。Neall's Yard 之所以有名並不是因為某一間小店或是有什麼特殊的建築風格，而是這整個區域的購物空間規畫和色調的搭配讓人喜愛，白天和夜晚給人完全不同的感受，您可以選個時間來逛逛這個可愛又色彩繽紛的角落，一定會迅速愛上它。

DATA

地址：Neal's Yard Covent Garden London WC2H 9DP
電話：020-7379-7222
時間：週一至週六（週四除外）10:00 ～ 19:00；
　　　週四 10:00 ～ 19:30；週日 11:00 ～ 18:00
地鐵：Covent Garden

07

購物中心

Thomas Neal's Centre
享受輕鬆購物的樂趣

Thomas Neal's Centre 的入口處和室內都以燈泡作為裝飾，每個燈泡上還掛著一對天使翅膀。這間購物中心共有兩層樓，內部裝潢全為木質結構，銷售品牌有 G－STAR、Diesel、Accessorize、Paul Frank、Superdry、Artbox 等等，購物環境舒適。值得一提的是購物中心中央的「Progresl」咖啡館有賣簡餐和飲品，逛累了可以在這裡稍作休息，再繼續享受購物樂趣。

DATA
地址：Thomas Neal's Centre29-41 Earlham Street London WC2H 9LD
電話：020-7240-4741
時間：週一至週六 10:00 ～ 17:00；週日 12:00 ～ 18:00
地鐵：Covent Garden

08

服飾店

Superdry
貝克漢夫婦代言

創立於 2004 年的 Superdry，在倫敦的 Covent Garden 開設了第一家店鋪。以 vintage 和東京流行元素作為設計靈感，混合美式經典復古風和色調，推出了夾克、襯衫、牛仔褲、配飾等不同款式和風格的男女服飾。Superdry 的 T 恤、夾克外套、運動服等受到很多明星的喜愛，芭希洛特、貝克漢、凱特溫斯蕾、柴克艾佛隆等都穿過這個品牌的衣服，尤其是 Superdry 居然可以請到貝克漢夫婦作為代言人，可見在時尚界的實力不容小覷。

DATA
地址：Unit 24-25 Thomas Neal's Centre Earlham Street Covent Garden London WC2H 9LD
電話：020-7240-9437
時間：週一至週六 10:00 ～ 19:00；週日 12:00 ～ 18:00
地鐵：Covent Garden
網址：www.cult.co.uk

特色市集
Covent Garden Market

Covent Garden Market 位 於 Covent Garden 廣 場內，匯集了許多商店和地攤，雖然空間不大，但因為商品種類齊全又物美價廉，所以深受觀光客的喜愛。Covent Garden 中心有兩個知名的市集且相隔不遠，分別為 Apple Market（蘋果市場）和 Jubilee Hall Market（狂歡市集）。

對我來說，能在倫敦市中心的 Covent Garden Market 購物是一件開心的事，雖然與 Notting Hill 相較，前者的規模小很多，但對於購物時間分秒必爭的觀光客而言，Covent Garden Market 是最佳的選擇。

09 Candy Cakes
麵包店 幸福的甜蜜滋味

想要吃蛋糕，可以到 Candy Cakes 走走，其中以杯子蛋糕最為著名，蛋糕上搭配手工特製的糖果和果醬，讓人讚不絕口，除此之外 Candy Cakes 還不斷推出新的口味，比如「糖果蛋糕」就深受大家的喜愛。來過這的人都說 Candy Cakes 的杯子蛋糕有一種神奇的魔力，會讓不愛吃甜食的顧客也淪陷在這甜蜜滋味中。看上去色彩繽紛的蛋糕，絕對可以讓你暫時忘卻旅途的勞累，有時間或想品嘗甜點時，別忘了來這走走喔！

DATA
地址：The Market Covent Garfden London WC2E
電話：020-7836-9982
時間：週一至週五 07:30 ～ 20:30；
　　　週六 09:00 ～ 20:30；
　　　週日 10:00 ～ 18:30
地鐵：Covent Garden
網址：www.candycakes.com

10 Octopus
個性小物 喚起童心的可愛小物

Octopus 是一家銷售生活小物的商店，商品種類齊全，款式也很可愛。例如：用不同顏色製作的章魚泡沫機，還有大臉娃娃雨傘，都深受顧客喜愛。第一次去 Carnaby Street 的 Octopus 時，會聯想起小時候學校門口的文具店，令人有種回到童年時光的感覺，如果喜歡這家店的風格，在 Notting Hill 和 Portobello Road 都有分店。

DATA
地址：The Market Covent Garden London WC2E 8RB
電話：020-7379-4748
地鐵：Covent Garden
網址：www.octopus.com

PART 2
東倫敦

Brick Lane ｜紅磚巷 創意十足的塗鴉 ｜
Old Street ｜藝術氣息濃厚 ｜

紅磚巷
推薦店家鄰近地鐵站
Liverpool Street、Shoreditch High Street、
Aldgate East

Old Street
推薦店家鄰近地鐵站
Old Street、Liverpool Street、Hoxton、
Shoreditch High Street

漫步紅磚巷
Walking on Brick Lane

恣意揮灑的塗鴉藝術

這是一個時尚達人聚集的地方，也是充滿自由氛圍及創作力的所在，即使已經去過許多次，不過每次都還是感到新奇。與倫敦其他地方相同，這裡也有許多時髦的店家和 pub，但這些並不足以吸引觀光客來訪，反而是街頭牆壁上那些藝術家的塗鴉，才更吸引觀光客的目光。在我即將告別倫敦回國前，我特地去了 Brick Lane 一趟，發現其中一些塗鴉作品隨著時光流逝已漸漸斑駁，顏色逐漸暗淡，甚至有些已被新的塗鴉取代，新舊交迭間不免有些感傷⋯⋯

Brick Lane 原本是一個地名，意指有許多製造磁磚和磚塊的工廠。90 年代後期因為房價便宜而吸引許多年輕的藝術家移居至此，世界著名的藝術家班克斯（Banksy）就曾在這裡生活過；如果把包含 Banksy 在內的所有藝術家在這的塗鴉作品進行拍賣的話，相信價值無法估計。早期這裡有許多年輕藝術家經營的咖啡店、餐館、俱樂部、酒吧等等，但隨著觀光客增加，商業性的超商和商店也逐漸變多，但對於居住在 Brick Lane 的當地人而言，並不太能接受這樣的改變，所幸 Brick Lane 至今風格依舊，沒有太大的改變。

Brick Lane
MAP

1. Brick Lane Bakery
2. Luna & Curious
3. The Brick Lane Gallery
4. The Lazy Ones
5. Rokit
6. 172 miame
7. The Laden Showroom
8. @Work
9. Backyard Market
10. Rough Trade
11. Scooter Emporium
12. Maharixhi
13. Café 1001
14. Sunday Up Market
15. All Saints
16. Spitalfields Market

OLD NICHOL STREET
REDCHURCH STREET
CHANCE STREET
CHILTON STREET
01
BACON STREET
02
03
SCLATER STREET
04
GRIMSBY STREET
05
06
07
PEDLEY STREET
HIGH STREET
WHELER STREET
CODE STREET
08
QUAKER STREET
GREY EAGLE STREET
FLEUR DE LIS STREET
CALVIN STREET
BRICK LANE
SPITAL STREET
ELDER STREET
JEROME STREET
09
10
FOLGATE STREET
11
12
13
WOODSEER STREET
14
15
LAMB STREET
WILKES STREET
PRINCELET STREET
Smudge Gallery
16
FOURNIER STREET
BRUSHFIELD STREET
GUN STREET
CRISPIN STREET
HENEAGE STREET
FASHION STREET
CHICKSAND STREET

01 市集

Backyard Market

逛市集的意外收穫

Brick Lane 會受到這麼多觀光客喜愛，原因除了特殊的藝文氣氛外，許多物美價廉的大賣場也是吸引他們到訪的原因。賣場裡多數商品和服飾是年輕一代設計師的作品，風格自由不拘又創意十足，甚獲好評。但和其它的市場相比，Backyard Market 顯得冷清許多，我觀察後發現，這裡空間不大，櫃檯上的人也不多，還有些空著的攤位，別的市場大多門庭若市，但這裡卻門可羅雀，放張大床都有位置呢。

由於常逛二手市場，所以我對於挑選二手衣和飾品已經頗有經驗和分辨能力，一回造訪 Backyard Market 時赫然發現，這裡有沒看過的繪畫作品，還有許多毛織品如毛衣、外套、上衣等等，當然還有許多二手衣物、飾品、包包，設計學院在校生設計的服裝也會在這裡銷售。有這麼多好東西卻沒有讓大家發現，實在很可惜，也讓我對 Backyard Market 大大改觀。

記得在逛 Backyard Market 時，有一件事情讓我印象深刻。我的朋友買了一條蕾絲花邊的短裙，為了搭配這件短裙，朋友想再買條披肩，可是沒有看到老闆，所以就一邊挑衣服，一邊等老闆回來，這時看到一頂掉在地上的帽子，朋友立刻把帽子撿起來拍拍灰塵後放在櫃台上。不一會兒看到一位手上拿著三明治的男子從對面向我們走來。這個男人真的是

我在倫敦看過最帥的男人（現在想起來都還會心跳加速呢！），他微笑的問我們需要什麼，朋友問了披肩的價格後，他用迷人的微笑回答：「5 英鎊」。不知是我這位朋友實在很中意這披肩還是中意這老闆，她立刻付了現金將披肩放入包包中。這帥氣的老闆突然發現放在櫃台上的帽子。我正想：「這帽子可是我們幫你撿起來的，是不是該對我們說聲謝謝呀？」結果他居然把櫃檯上的帽子又放回地板上，我和朋友看了都覺得非常意外，後來仔細想想，「啊！原來這也是老闆展示商品的一種方式啊！」。以我們的思考模式，還以為是誰把帽子碰倒掉到地上呢，我突然對自己「東西就該放在固定地方」的制式想法，感到疑惑和不安。

亞洲人的教育方式多是「天是藍色的，大樹是綠色的，太陽是紅色的等等……」所有的事情都固定了，也束縛了孩子的想像力和創造力，我想，這件事情給我的啟示就是上天賜給我的禮物。於是從倫敦回國後，無論是畫畫或是穿衣風格都感覺自己開始有所變化，這些變化都與在 Backyard Market 購物時遇到的帥哥老闆有關，這是即便逛了世界知名的博物館、美術館也學不到的吧！所以，我很推薦大家有時間可以親自去逛逛 Backyard Market，或許你也會有意外的收穫哦。

Data
地址：The Old Truyman Brewery 91 Brick
　　　Lane London E1 6QL
電話：020-7770-6028
時間：週六 11:00 ～ 18:00；
　　　週日 10:00 ～ 17:00
地鐵：Liverpool Street
網址：www.backyardmarket.co.uk

02 飾品店

Data
地址：236 Brick Lane London E2 7EB
電話：020-7739-9191
時間：週一至週五 10:00～18:30；
　　　週六 11:00～18:00；
　　　週日 10:00～17:00
地鐵：Shoreditch High Street，Aldgate
　　　East，Liverpool Street
網址：www.tattydevine.com

Tatty Devine
讓人拍案叫絕的創意飾品

Tatty Devine 是一個極富趣味又有個性的時尚品牌，由設計師 Harriet Vine 和 Rosie Wolfenden 共同創立，現在儼然已成為英國流行時尚界的經典。Tatty Devine 設計的商品，材質多為壓克力或木頭，由於設計新穎、色彩繽紛，總是能輕易擄獲大眾的目光和讚賞。品牌剛創立時，英國老牌百貨公司 Harvey Nichols 和 Whistles 就採購了他們設計的手環及運用寶石和壓克力混搭的腰帶，後來更陸續擴展其商品種類。

多年來，Tatty Devine 常與藝術家、音樂家或異業的眾多設計師合作，希望藉此激盪出不同的靈感與創意。現在，Tatty Devine 的木製飾品，能有媲美黃金般的價值，其致勝關鍵即在於源源不斷的創意。即便如此，Tatty Devine 並不自我設限創作形式，而將天馬行空、無拘無束的想像力都展現在作品中。值得一提的是，這些設計風格簡單有型、大器卻不落俗套的飾品，都採限量製作，更顯其獨特性。

人氣商店

03

市集

Sunday Up Market
只有週日才營業哦

2004 年開始營業的 Sunday Up Market，顧名思義就是只在週日開放的市場。在當地被喻為是「Selling everything and anything」的地方。這裡的商品很多元，共計 140 多個攤位，主要有服裝、飾品和擺飾等，當然也有設計師或藝術家的作品，其中「Baby Dazzler」販售的手工縫製棉花玩具和「Crumb Sand Doilies」精品，都極具老闆個人特色。Sunday Up Market 雖然地方不大，但是攤位集中，人潮也非常多，所以很熱鬧。

另外，這裡的 Food court 也很精彩，有眾多的異國料理可以選擇，例如：日本的壽司、中國的燒烤、英國的鬆餅、葡萄牙的蛋塔等，世界各國的美味料理幾乎都集中在這，價格也很便宜，所以成為觀光客必訪的地點之一。

Data
地址：The Old Truman Brewery London E1 6QL
電話：020-7770-6028
時間：週日 10:00 ～ 17:00
地鐵：Liverpool Street，Shoreditch High Street
網址：www.sundayupmarket.co.uk

04 市集 Spitalfields Market
給年輕設計師鼓掌

Spitalfields Market 蓋 在 Liverpool St. Station 地鐵旁，已經發展成倫敦東城區中最時尚的生活圈，也是倫敦年輕人最喜歡的一個市場，非常熱鬧。這裡賣的衣服大多是倫敦當地年輕設計師自創的新品牌，雖然知名度不高，但款式多，走上一圈，一定可以找到喜愛的商品。不僅如此，由於人潮不斷湧進，使得擺攤的人也日益增多，更呈現一種生氣蓬勃的熱鬧景象。

Data
地址：16 Horner Square Spitalfields London E1 6EW
時間：週四至週六 10:00 ～ 17:00
地鐵：Liverpool Street

05 Café 1001

咖啡館

日夜風情大不同

Café 1001 的招牌餐點是以馬鈴薯搭配豬肉等食材製作的燒烤料理，許多人皆是為此慕名而來的。白天和夜晚呈現兩種截然不同的氛圍，白天給人一種溫馨、舒適的感受，是個品咖啡和用餐的好地方；夜晚則因為常舉辦各種主題式活動，並邀請 DJ 和主持人到場，所以瞬間轉變成一間集結時尚、流行的 DJ Bar，讓人隨著店內的氣氛，禁不住想要點上一杯啤酒，在慢慢啜飲中享受倫敦的夜生活。

Data
地址：91 Brick Lane London E1 6QL
電話：020-7247-6166
時間：週一至週六 06:00 ～ 24:00；週日 06:00 ～ 23:00
地鐵：Liverpool,Shoreditch High Street
網址：www.cafe1001.co.uk

Maharishi 是以軍事風格、迷彩圖樣著名的英國品牌，除了環保理念深受業界肯定之外，它更引領了平民服裝中迷彩風格的潮流，最受男性顧客喜愛的首推夾克和 T 恤，女裝、飾品和童裝也都有。Maharishi 的服裝不論材質、設計均屬上乘，且不放過任何小細節，在英國有很多忠實粉絲，觀光客也很捧場。

06 Maharishi

服飾店

迷彩裝受歡迎

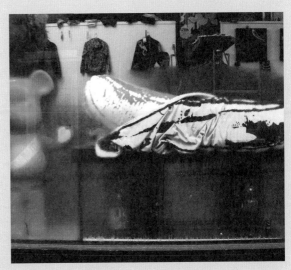

Data
地址：2/3 Great Pulteney Street London W1F 9LY
電話：020-7287-0388
時間：週一至週六 11:00 ～ 19:00；
　　　週日 12:00 ～ 17:00
地鐵：Liverpool Street，Shoreditch High Street
網址：www.emaharishi.com

07 Scooter Emporium

生活雜貨

滿足機車迷的需求

Scooter Emporium 以銷售機車相關配件為主，店裡有各式安全帽、配件、飾品，工作人員對機車相關專業知識非常熟悉且經驗豐富，有任何疑問隨時可以請教他們。近幾年，英國女性也興起騎輕型機車的風潮，她們喜歡將自己的愛車打扮得時髦又漂亮，Scooter Emporium 因此推出了許多款式新穎的安全帽、可以裝飾機車車身的貼紙、護目鏡等配件，相當受到女性顧客的歡迎。

Data
地址：10 Dray Walk Old Truman Brewery Brick Lane London E1 6QL
電話：012-6868-0119
時間：週一至週五 09:30～18:00；週六 10:30～19:00；週日公休
地鐵：Liverpool Street，Shoreditch High Street
網址：www.scooteremporium.com

---

08 The Brick Lane Gallery

美術館

平易近人的藝術饗宴

The Brick Lane Gallery 並非極具規模的藝廊，但是白牆上整齊掛著的畫作，及來往人群的從容自在，卻讓我印象十分深刻。記得第一次來這裡，我刻意放慢腳步，用心品味這些畫作，突然間發現自己已悄悄地被這環繞的藝術氣息所包圍，深陷其中無法自拔。藝廊中主要展示和銷售的作品以現代藝術風格和有趣的街頭藝術為主，有興趣的人，不妨來此挑幾幅畫，不管是送人或自己收藏都很不錯。

Data
地址：196 Brick Lane London E1 6SA
電話：020-7729-9721
時間：10:00～18:00
地鐵：Liverpool Street，Shoreditch High Street
網址：www.thebricklanegallery.com

09

CD 店

Rough Trade
小有名氣的 CD 店

在 70 年代龐克音樂興起時，這間聚集了音樂、設計、活動三大要素的 CD 店，就受到一群嚮往能出唱片的小團體們熱烈的歡迎，現在，這裡的發展愈來愈傾向主流音樂，更明確的說法是比主流音樂還要再前衛一些。店內裝潢別出心裁，從入口處到牆壁上都張貼著各式各樣獨樹一格的海報，有正值宣傳期的原創音樂、專輯 CD 廣告和相關活動訊息等。雖然是一間 CD 店，但是店內也銷售許多音樂相關的藝術作品、書籍、雜誌、T 恤和馬克杯，在當地也算是小有名氣。

Data

地址：91 Brick Lane London E1 6QL
電話：020-7392-7788
時間：週一至週四 08:00 ～ 21:00；週五 08:00 ～ 20:00；
　　　週六 10:00 ～ 20:00；週日 11:00 ～ 19:00
地鐵：LiverpoolStreet，Shoreditch High Street
網址：www.roughtrade.com

10 服飾店 All Saints
時尚界的愛店

All Saints 高度吸引我的理由，不僅是漂亮服飾的吸睛程度，更重要的是能夠欣賞到倫敦設計師們別具一格的創作。黑色系和真皮製品是這裡的主要商品風格，中性設計的服裝款式深受倫敦時尚界的喜愛，除此之外，還有龐克風的男、女裝，兒童服飾、睡衣等。因為是設計師的作品，自然價格不容小覷，所以每次在這裡購物時總會有這樣的感嘆：「這件衣服實在太美了，可惜價格實在好貴啊！」

Data

地址：114 Commercial Street Spitalfields London E1 6NF
電話：020-7392-8098
時間：週一至週六 09:00 ～ 21:00；週日 11:30 ～ 18:30
地鐵：Liverpool Street，Shoreditch High Street
網址：www.allsaintsshop.co.uk

---

11 服飾店 172miame
年輕設計師的創意

每次從門口經過，總會因為店裡的商品而駐足。這是一間大膽採用年輕設計師所設計的男裝、女裝、飾品、帽子、包包等作為主力商品的服裝店。設計師多來自日本和英國，創意十足且具時尚感，因此成了目前倫敦小有名氣的服裝店，並吸引各國時尚界人士來此消費。

Data

地址：172 Brick Lane Shadwell London E1 6RU
電話：020-7650-8873
時間：週一至週五 12:30 ～ 19:00；
　　　週六、週日 11:30 ～ 19:00
地鐵：Liverpool Street，Shoreditch High Street

12

個性店

Luna & Curious
大推飾品陶瓷品

由6位年輕設計師共同創立的品牌，有服飾、鞋子、生活小物等商品。因為設計師的巧思，所以 Luna & Curious 總能展現出特有的風格，進而吸引消費者的注意，首推店內飾品類，如：項鍊、戒指等，另外陶瓷商品的設計也相當簡約並頗具質感，值得收藏。

Data
地址：24-26 Calvert Ave London E2 7JP
電話：020-3222-0034
時間：週一至週六 11:00 ～ 18:00；
　　　週日 11:00 ～ 17:00
地鐵：Liverpool Street，Shoreditch High Street

13

服飾店

The Lazy Ones
敗家有理

The Lazy Ones 是由畢業於中央聖馬丁藝術與設計學院的 Nat Colom 和 Diego Telles 兩位設計師共同創立的品牌。兩人對於流行元素掌握得宜，設計的商品無論剪裁、款式，總能激起女孩們強烈的購買慾，尤其是「Des Moines」連身裙最讓人心儀，此外還有印花 T 恤、鞋子、包包、飾品等，不過，有點遺憾的是價格不便宜，還好店裡常會貼心的提供各種折扣活動，讓人不至於大失血，順便一提，The Lazy Ones 在 Topshop 內也設有分店。

Data
地址：102 Sclater Street London E1 6HR
電話：020-7729-6937
時間：週一至週日 12:00 ～ 19:00
地鐵：Liverpool Street，Shoreditch High Street
網址：www.thelazyones.co.uk

14 服飾店 The Laden Showroom
價格親民的二手衣

這是一間集結了 50 多位設計師作品的二手服飾店，位於著名品牌店「Rokit」旁，最具人氣的是連身洋裝，因為剪裁合身、款式新穎，深受消費者的喜愛。店內以「C」的形狀展示商品，不過因為商品眾多，場地略顯擁擠，但價格相較之下算十分親民。

Data

地址：103 Brick Lane London E1 6SE
電話：020-7247-2431
時間：週一至週五 11:00 ～ 18:30；
　　　週六 11:00 ～ 19:00；週日 10:30 ～ 18:00
地鐵：Liverpool Street，Shoreditch High Street
網址：www.laden.co.uk/Theladenshowroom.blogspot.com

---

15 飾品店 @Work
物美價廉的精緻飾品

每次經過 @Work 的櫥窗，就會被那些可愛精緻又流行的飾品所吸引，走進後發現空間不大的店內居然擺放了琳瑯滿目的飾品，不僅風格多變，製作材質（針織、陶瓷、寶石）也很多元。不管是項鍊、戒指、胸針等樣樣都極精緻，物美價廉更是一大特色，因此也成為觀光客必逛的商店之一。

Data

地址：160 Brick Lane London E1 6RU
電話：020-7377-0597
時間：週一至週六 11:00 ～ 18:00；
　　　週日 13:30 ～ 17:30
地鐵：Liverpool Street，Shoreditch High
　　　Street
網址：www.atworkgallery.co.uk

16 服飾店 Rokit
內行人來淘寶

Rokit 是倫敦最著名的二手服飾店。店內主要銷售的商品為 40～80 年代的名牌服裝，雖然價格有些昂貴，但每到週末假日，店裡還是被滿滿的人潮擠得水洩不通，大部分來這裡的人可是有備而來，看他們挑選時的專注和專業，實在令人佩服。

Data

地址：101 Brick Lane London E1 6SE/107 Brick Lane London E1 6SE
電話：020-7375-3864；020-7247-3777
時間：週一至週五 11:00～19:00；
　　　週六、週日 10:00～19:00
地鐵：Liverpool Street，Shoreditch High Street
網址：www.rokit.co.uk

17 麵包店 Brick Lane Bakery
久負盛名的麵包店

首次造訪 Brick Lane Bakery，第一眼看到的並不是特殊或造型漂亮的蛋糕、麵包，而是一大塊厚實的肉品，從玻璃窗可以看見一位廚師正運用俐落的刀法將肉塊切成薄片，接著分別夾在烤好的麵包裡。身旁路過的當地人看我一幅好奇的模樣，便熱心地向我解釋：「這是英國傳統的麵包店，我們都是吃這個長大的喔。這間店最有名的是 "Hot Salt Beef Beigel"，有機會可以嘗看看。」這間麵包店的招牌商品為 Hot Salt Beef Beigel（鹹牛肉貝果）和 Smoked Salmon & Cream Cheese Beigel（煙燻鮭魚奶油起司貝果），另外也有鬆餅、起司蛋糕、甜甜圈、三明治、湯品、咖啡等。至於我最喜愛的商品則是甜甜圈，香味四溢又不油膩，最重要的是價格很便宜。

Data

地址：159 Brick Lane London E1 6SB
電話：020-7729-0826
時間：24 小時營業
地鐵：Liverpool Street，Shoreditch High Street

漫步 Old Street

Walking on Old Street

充滿藝術氣息的幽靜之境

Old Street 與 Brick Lane Street 相距不遠，所以許多人會將這兩條街加以比較。以屬性而言：若將 Brick Lane Street 歸屬於大眾化的、融合各種流行元素的街道，那麼 Old Street 就是藝術氣息極為濃厚的地方。

以旅客的類別來論：Brick Lane Street 擁有較多的一般觀光客，但會特別造訪 Old Street 的則多是來自世界各地對藝術有興趣的人。雖然相比之下，它顯得有些安靜和幽暗，但卻有一種獨特的魅力吸引著人們的目光和腳步，想親自前往一探究竟。

Old Street 位於倫敦東部，對於我有著非凡的意義，除了商店、塗鴉以及倫敦人的藝術創作讓我印象深刻、流連忘返外，它還曾經一度激發起我的創作靈感。所以，如果若干年後有機會再回到倫敦，我第一個想要前往的地方就是這，Old Street。

Old Street
MAP

❶ Hoxton Boutique

❷ Jagusrshoes

❸ Bar Kick

❹ Squint

CHART STREET

CHART

CORSHAM STRE

COR

CRANWOOD STREET

VINCE STREL

VINCE

STREET

OLD STREET

Old Street
Station

COWPER S

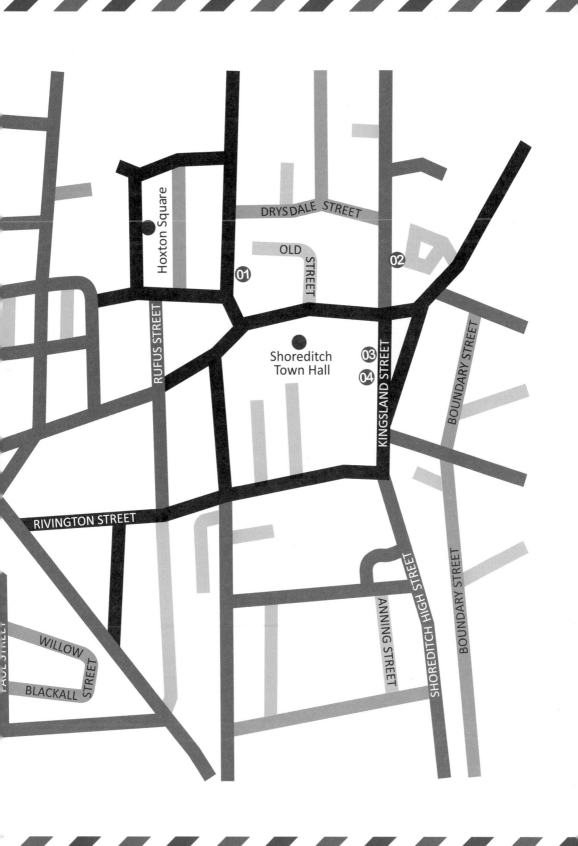

01 🍺 酒吧

Jaguarshoes

不賣鞋只賣酒

若以店名來看,會以為這應該是一間高級鞋店,但若你想進 Jaguarshoes 挑雙喜歡的鞋子,那鐵定要失望了。其實它是一間藝術館,也是展示 Party 文化的 pub,在東倫敦很受歡迎。我的朋友 DK 非常喜歡這裡,在他林林總總的敘述中,可歸納出一句話:"Jaguarshoes is a good place." 我充滿期待地前往 Jaguarshoes,映入眼簾的是畫滿了各種顏色圖案的牆壁,上方還掛滿了不同形狀的裝飾品點綴,不過這樣的搭配對我來說並不特別,反而略顯單調。

點了一杯啤酒後，坐在略嫌老舊的沙發上慢慢啜飲，大學時代的回憶也浮上心頭。記得學生時代，我和同學們總是一到週末就會聚在一起喝酒聊天到深夜，畢業後，大家各奔東西，各自在工作崗位上努力，雖然偶爾仍會小聚，但聊天的內容早已換成工作和家庭，像這樣被偷走時間似的變化，也許就是人生吧！

Jaguarshoes 裡每樣東西都整齊的排列著，桌椅和杯盤器皿也擦拭得明亮乾淨，門口的廣告招牌因為日曬雨淋，上面的 pub 字樣已略顯斑駁，所以第一次造訪時，我差點找不到這個地方。Jaguarshoes 固定會舉辦各類主題活動，有興趣的話可從店家官網查詢。

Data
地址：32-34 Kingsland Road
　　　Shoreditch London E2 8DA
電話：020-7729-5803
地鐵：Old Street
網址：www.jaguarshoes.com

英國的 pub 文化
★ 有些大型 pub 會在入口處檢查顧客的身分證，以確定年紀和身分是否適合入場。當看到是亞洲人時，他們會再多留意，或許是因為亞洲人都看起來比實際年齡小的緣故，他們不太能分辨亞洲人的年齡和外貌特徵，所以每次接受檢查時，心裡會暗自的開心起來：「我看起來應該很年輕吧！」

★ pub 除了啤酒、咖啡、茶、果汁外，還賣各種口味的三明治和簡餐。

CACHACA
BULLEIT
DALWHINNIE
JAMESON
VAN WINKLE
CREME
AMARETTO
BAILEYS
CHARTREUSE
SAMBUCA
TRIPLE SEC
CAMPARI
ASSOCIATION
KICK

02 酒吧

Bar Kick

打破對酒吧的印象

倫敦的公共汽車多數都停在固定的站牌處，公車上也設有跑馬燈和廣播系統，提醒乘客到達的站名，所以很少發生坐錯車或是坐過站的事。不過東倫敦的公車絕大多數卻沒有這樣的設備，這讓身為外國遊客的我，首次搭這裡的公車時，感到無比緊張。

通常我上車後就會坐在離門口較近的位置，方便我到站時能立即下車，由於是第一次在東倫敦搭車，好友 DK 事先寫了坐往 Bar Kick 的路線和標示圖，即便如此，我還是忐忑不安，不停的向外張望，深怕一個不小心就坐過站，一直到確認在哪

一站下車和換車後，心情才稍稍放鬆下來，也才有閒情欣賞窗外的風景。

平安到站後，DK 接我到他工作的地方── Bar Kick。雖然 DK 曾經多次向我炫耀過這裡的優點，不過我唯一記得的只有四個字「足球酒吧」。提到「足球酒吧」立刻會將愛好吞雲吐霧的癮君子桌球檯和汙濁到快令人窒息的空氣聯想在一起。所以事先給自己心理建設：「這次到 Bar Kick，只是來找 DK。」

沒走多遠就看到 DK 微笑地向我走來：「走吧，我們進去！」第一次走進 Bar Kick，與我當初設想的完全不同，因為裡頭實在太漂亮了，有許多設計獨特的海報和圖片；隨意擺放但卻頗具藝術感的桌椅；甚至是桌上那朵插在花瓶中的鬱金香，都讓我覺得這裡好美。DK 一邊笑一邊示意我坐下，那調皮的表情彷彿在說：「怎麼樣？就說這裡不錯吧！」

有過這次的經驗後，每次只要來 Old Street，我都一定會來 Bar Kick 坐坐。坐在略顯陳舊的真皮沙發上，點一杯卡布奇諾，一邊欣賞優雅的樂聲，一邊慢慢品嘗咖啡的香醇美味，這一刻實在太幸福了。這裡除了提供咖啡飲品外，酒水飲料和簡餐也在水準之上。聽 DK 說，每到足球聯賽時，店裡就會擠得水洩不通，樓上樓下都坐滿球迷，他們一邊喝著啤酒一邊大聲的加油吶喊，氣氛熱鬧。喜歡足球的朋友別錯過這裡，要親自來感受一下英國球迷的熱情喔！

Ｄᴀᴛᴀ
地址：43 Exmouth Market London EC1R 4QL
電話：020-7837-8077
時間：週一至週四 11:00 ～ 23:00；週五、週六 11:00 ～ 24:00；週日 12:00 ～ 22:30
地鐵：Liverpool Street
網址：www.cafekick.co.uk

Street Art of East London 是一條以多種藝術
元素妝點而成的觀光街道。無論喜歡藝術與
否，來到這裡都會感到別有洞天。

談起街頭藝術，英國的種類真是五花八門，
塗鴉是其中之一。不了解的人會認為這單純
是沒有公德心的人在牆壁上亂塗亂畫，殊不
知這些塗鴉有許多是出自於世界知名的塗鴉
藝術者之手呢。第一次到 Street Art of East
London 是跟著 DK 一起的，他指著牆上的一
幅塗鴉作品說：「你看那輛紅色的公共汽車，
這可是藝術家班克斯（Banksy）的作品呢。」

若提起倫敦的街頭藝術，得先了解這位偉大的藝術家。班克斯（Banksy）的作品多數以反映現實生活和倡導反戰內容為主題，被譽為當今世界上最有才氣的街頭藝術家之一。不過，因為他並未接受正統的藝術教育和訓練，而且作品內容多以嘲諷風格為主，所以自稱為藝術界的恐怖分子。他的畫作發揮空間大，不受限制，不論是街頭的牆壁、汽車的車體、公園的長椅，甚至是動物身上都看得到。

Banksy 小時候畫畫曾被姊姊嘲笑，認為他的作品這輩子絕不可能被選到紐約大都會美術館或羅浮宮展出。他想：通常只有把名畫偷偷運出紐約大都會美術館或羅浮宮，但好像沒聽過有人會偷偷把畫往裡送的……於是他靈機一動，真的將自己的作品光明正大的帶了進去，然後趁著保全不注意的時候，將帶來的畫作放在世界名畫旁邊。令人詫異的是，他的畫居然就這樣大剌剌的在紐約大都會美術館和羅浮宮分別展出了若干日子後，才被發現並不是館內的收藏品而被請了出去。

塗鴉藝術家多為一些有想法、才華和創意的人才,他們除了反映某些意識型態之外,也創造了許多繪畫方面的新手法,像是美術字的發源就來自這裡,而且他們充滿對藝術的狂熱和表現欲望,因此即便是這樣的繪畫多數不會有酬勞,但他們卻心甘情願的常年出沒在黑夜的街頭,為的只是將自己心裡的聲音和思想藉由這樣的表達方式,讓路人看見他們的作品,所以他們並不認為自己屬於畫家(painter),而自稱為作家(writer)。為了逃避警察的追捕,也為了讓自己的作品增添一些神祕色彩和辨識度,這些「作家」會特別為自己設計一個簡單的單字外加一個數字點綴的簽名。

塗鴉藝術雖然是街頭藝術的代表,但並不能代表所有的街頭藝術,街頭表演和街頭美術都屬於街頭藝術。我很想將倫敦這種特殊的塗鴉藝術介紹給大家認識,因為塗鴉藝術其實已經成為倫敦的一大觀光景點,愈來愈多的觀光客都慕名前來。雖然每個人對藝術的喜愛不同,但是能對世界各地多點了解,應該也是一件不錯的事情吧!

Data
網址:www.ukstreetart.co.uk

04 Squint
家飾品

像藝術品般的家飾品

Squint 是一間具有特殊風格的獨立設計公司，以生產銷售品質優良和客製化的全手工家具家飾為主。創辦人 Lisa Whatmough 將她對紡織品的喜愛，融合英倫設計的細膩敏銳，打造出一個五彩繽紛的家飾王國。這裡的設計師們似乎將畢生所學全都傾注於作品中，每一件來自 Squint 的產品都注入了時尚和藝術的血液，簡直可以與當代藝術作品相比擬。Squint 品牌散發著創辦人強烈的個人色彩，她將不同年齡、藝術、風俗等多種元素結合在一起，想打造出將個人生活態度表現於家飾風格中的清晰視覺符號。如果對家飾品感興趣的讀者，千萬不要錯過這個品牌，相信一定會讓你有耳目一新的感受。（註：Squint 需要事先預約）

Data

地址：178 Shoreditch High Street Shadwell
　　　London E1 6HU
電話：020-7739-9275
時間：週一至週五 10:00 ～ 18:00；
　　　週日 13:00 ～ 17:00；週六須預約
地鐵：Shoreditch High Street
網址：www.squintlimited.com

05 服飾店 Hoxton Boutique
時尚品牌生死鬥

Hoxton Boutique 從外觀的櫥窗設計到店內裝潢，都顯露出它想要打造的流行感，除了為消費者提供現今流行的品牌服飾外，也提供一些具有潛力的新品牌。進入店內後可看到許多長型的落地鏡，充足的光線投射在寬敞的空間中，加上不間斷的重節奏流行樂搭配 disco ball 閃爍轉動著，激發起消費者的購物慾，更彷彿營造了一種時尚品牌們在各自櫃位較勁的錯覺，增添了時尚生死鬥的氣氛。Hoxton Boutique 提供的品牌包括：House of Jazz、Black、Eley Kishimoto、Karen Walker、Future Classics、Sophia Malig 等，除此之外，由老闆 Alison 和 Jane 憑著自身的獨到眼光和對流行的靈敏觸角引進的其他品牌，也豐富了這間服飾店的多元性。

Data
地址：2 Hoxton Street London N1 6NG
營業：週二至週五 11:00 ～ 19:00；週六 11:00 ～ 18:00；週日公休
地鐵：Hoxton，Shoreditch High StreetLiverpool

PART 3
北倫敦

Camden ｜肯頓區 特殊的異國氛圍｜
Angel ｜天使區 輕鬆的購物天堂｜

Camden
推薦店家鄰近地鐵站
Camden Town、Chalk Farm

Angel
推薦店家鄰近地鐵站
Angel

漫步肯頓
Walking on Camden

沉醉在濃濃異國氣氛裡

離開倫敦的前幾天，我做了一個夢。夢裡的我看起來非常慌張，因為找不到英國的入境處而不斷的在 Heathrow 機場穿梭著，由於機場太大，人又多，費了好大的工夫終於找到了入境處，正想喘口氣時，卻發現排隊的人都打扮十分怪異，除了頭髮五顏六色之外，還帶著鐵製的項圈，裝扮十分另類，這使得我原本已經鬆懈的心情又頓時緊繃起來。突然間看到一個人瞪大眼睛正盯著我瞧，我嚇得渾身發顫，然後從夢中驚醒。滿身大汗的我定神想想，這應該就是所謂的日也所思夜有所夢了。白天聽朋友說到英國的入境審查有多麼嚴格和恐怖；英國的龐克族打扮有多麼誇張和可怕，沒想到我就這樣將現實和夢境結合起來了，是的，在做這個夢的幾天後，我真的遇到了朋友口中的龐克族；在北倫敦的 Camden。

Camden 是一個異國氣氛濃厚的地方，有歌德式風格的商店和二手商店，還有從世界各地進口的許多特殊工藝品、路邊攤小吃、唱片行、俱樂部、pub、bar、畫廊等，及觀光客熟悉的大市場，如：Stables Market、Camden Lock Market、Inverness Street Market 等，會讓第一次來這裡的人，逛到眼花撩亂。具有悠久歷史的 Camden，絕對值得你愛上它。

Camden
MAP

1 H&M in Camden

2 Scorpionshoes

3 Episode

4 Camden Lock Market

5 Camden Lock Canal

6 Camden Lock West Yard

7 Youreyesllie

8 Stables Market

· Horse Tunnel Market

· Hangin Out

· Arckiv

· Cyberdog

· Funky Town

· Black Cotton

· Graffiti Shop

· Proud Camden

01 服飾店

Episode
買一件復古連身裙

倫敦的服飾店大約可分為精品店、二手衣店或
是由年輕設計師創立的獨立品牌店。倫敦二手
衣店比比皆是,一開始我對這樣的商店完全不
了解,所以逛時總會發出這樣的感嘆:「這件
好看;這件太土了;這衣服穿不出門吧……」
但隨著在倫敦生活的時間愈長,對於倫敦的文
化愈熟悉後,我開始在想:「為什麼倫敦的二
手衣店這麼受歡迎呢?到底是什麼原因?」

某天在朋友家看電視,無意間看到一部有關復古連身裙的紀錄片,片中介紹 1990 年時一位著名的設計師設計出一系列連身裙,深受廣大女性喜愛,甚至現今的連身裙樣式也受其影響。在倫敦的二手衣店,連身裙的價格差異甚大,若是知名品牌如 Christian Dior 或 Madame grey 的連身裙,價格可達 2000 ～ 3000 英鎊,若是一般的連身裙,大約 30 ～ 100 英鎊就可以買到了。雖然價格落差很大,但在倫敦的二手衣店內所銷售的連身裙,品質都經得起考驗,仔細選、慢慢挑一定可以找到藏在各個角落的寶物。

Episode 的主色系為橘黃色,感覺很溫馨。走進店內會看到牆上掛著許多小幅的美術作品,極為精緻可愛。模特兒身上的連身裙遠看就相當獨特有味道,走近一瞧,發現裙上標示著 1940 年,果然是一件實至名歸的復古二手衣。

當我再往店內走進時，看到一位女士正試穿著我之前想買的連身裙，後來覺得應該不太適合而作罷。但今天看到她穿上，實在漂亮，不禁心裡有些嫉妒，真希望也能趕快找到一件適合自己身型和氣質的連身裙。另外，在 Episode 也可以買到 1 英鎊的圍巾、12 英鎊的男性方格襯衫，還可以用 2 英鎊買些針織品當作送給好友的禮物。

我常想往後若還有機會造訪倫敦，我一定要再去一趟 Episode，並買下一件復古連身裙。如同伊莎貝爾沃爾夫所說：「每個女人都想保有一段能永遠珍藏的情感，就像自己保有一件永遠珍藏的美麗衣裳……」復古連身裙除了自己穿了開心，也附加了收藏的價值，希望當妳造訪 Episode 時，也能遇上與妳有緣的復古連身裙。

DATA

地址：28 Chalk Farm Road London NW1 8AG
電話：020-7485-9927
時間：週一至週五 11:00 ～ 19：00
地鐵：Camden Town，Chalk Farm
網址：www.episode.eu

02 服飾店

Hangin Out

服務超優的日式服飾店

在倫敦除了英國當地的品牌之外，還有許多日本
設計師開設的服裝店。英國人非常喜愛日本這個
國家，甚至有人將英國稱為「歐洲的日本」，由
此可見日本和英國的確有一些相似之處。英國人
對日本充滿各種不同的幻想，有些英國人甚至將
亞洲國家視同日本。記得我首次到英國時，總被
當地人詢問：「Are you Japanese？」這讓生為韓
國人的我感到有些不悅。不過在倫敦的確到處
都可以看到日本人經營的商店，我常在想，日
本到底有什麼樣的魅力，可以讓英國人如此認
同這個國家的文化，這與日本人善於包裝有關
嗎？

在倫敦的日本設計師各個都技藝高超，當我去
逛 Stables Market 和 Horse Tunnet Market 時，
一間名叫 Hangin Out 的小店立刻吸引了我，
因為比起其他商店，它的設計風格和服裝種
類顯得非常特殊，讓人想一探究竟。

走進店裡時不經意聽到了老闆和員工的對話，才知道原來這是一間日本人開的服裝店，除了服裝樣式讓人喜愛之外，親切又周到的服務，讓我一度以為自己身在日本呢！Hangin Out 的規模不大，但商品種類很齊全，各種花色的襯衫、歐式復古連身裙、日本風格服飾都有。此外，也買得到自日本原裝進口的商品，像是太陽眼鏡、有度數的眼鏡、家飾用品等，價錢也很實惠哦。

Data

地址：Unit568 The Stable Market Chalk Farm Road London NW1 8AH

時間：週一至週五 13:00 ～ 18:00；週六、週日 10:00 ～ 18:00

地鐵：Camden Town，Chalk Farm

03 鞋店 Scorpionshoes
走在流行前端的運動鞋

Scorpionshoes 是一家銷售高品質且具時尚感鞋款的運動鞋專賣店，雖然型態和之前介紹過的 SIZE？有些類似，但 Scorpionshoes 的鞋款更加特別。除了鞋子之外，這裡也有許多知名品牌的包包、服飾和手錶，因此深受國外遊客和當地人喜愛。

Scorpionshoes 內設有一個折扣區，可以用與市價相差極大的超低價買到品質和款式具佳的鞋子。我在國外買鞋時都會鎖定一些國內尚未引進的品牌，這些品牌不見得便宜，但設計風格卻極具特色，款式變化也多，我每次都很幸運的能在 Scorpionshoes 挑到自己喜歡的鞋子。

DATA

地址：269Camden High Street Camden London NW1 7BX
電話：020-7824-4944
時間：週一至週五 09:30 ～ 20:00；
　　　週六至週日 09:30 ～ 21:00
地鐵：Camden Town，Chalk Farm
網址：www.scorpionshoes.co.uk

126

04 服飾店 H&M in Camden
與眾不同的 H&M

再次介紹這個世界級的品牌，是因為這家店的地理位置可是坐落在 Camden。H&M in Camden 店外掛著十分醒目的廣告標語「DIVIDED BY H&M」。店內的服裝款式和裝潢風格完全彰顯 Camden，甚至連收據的設計也別出心裁，十分可愛。在這裡偶爾可以看見一些時尚達人跟著店內音樂節奏輕鬆購物的模樣。

在倫敦有個現象，來自各國的知名品牌都會在此設立分店，且品牌的設計風格，從服裝顏色、款式、材質等都逐漸走向英倫風。我想或許是受到英國文化的影響，不過完全沒有減低這些品牌的熱門度，依舊在時尚圈屹立不搖的受到消費者的崇拜與喜愛。

Data
地址：213-219 Camden High Street NW1 8QR Camden London
時間：週一至週六 10:00 ～ 20:00；週日 11:30 ～ 18:00
地鐵：Camden Town，Chalk Farm
網址：www.hm.com

特色市集
Stables Market

走進 19 世紀英國市集

Stables Market 在維多利亞時代原本是火車公司的馬廄和馬匹醫院，現在搖身一變成了洋溢異國風的市集，眾多商家分布在改裝的倉庫和紅磚城堡中，一旁蜿蜒小徑也充斥著讓人看得眼花撩亂的商店，銷售的商品都帶著一種復古和神祕感。

近年來，這個市集經過修繕和整理，將每一個小馬廄的空間改造成一個個小攤位，讓許多設計師（特別是年輕一代的設計師）得以將作品在此展售，也讓消費者多了許多購物選擇。以保留原始建築風格的方式經營市集，讓遊客除了享受購物樂趣之外，也彷彿帶領大家進入英國 19 世紀的風華年代。

Data
地址：The Stables Market chalk Farm Road London NW1 8AH
電話：020-7485-5511
時間：週一至週五 10:30 ～ 18:00；週六、週日 10:00 ～ 18:00
地鐵：Camden Town，Chalk Farm
網址：www.stablesmarket.com

O5 市集 Horse Tunnel Market
濃濃異國風

Horse Tunnel Market 是一個包含各種文化的小吃、二手市場、古玩、酒吧和特色商店的地方，商品種類多且各有特色，可以在此開心的消磨一整天。因為曾是火車公司的馬廄和馬匹醫院，所以可以看到各式各樣關於馬的雕像、圖案和裝飾品。店家銷售的商品也相當有異國風情，像是非洲手工藝品、二手服飾或家飾家具、古董、玩具和唱片等；而用餐區也聚集了各國的料理，可謂包羅萬象。

Data
地址：The Stables Market Chalk Farm Road London NW1 8AH
地鐵：Camden Town，Chalk Farm

O6 服飾店 Cyberdog
多彩的螢光服飾

店員們無論是穿著或髮型，整身造型似乎可跟電影《第五元素》中的人物相媲美，燈光則營造出些許陰森的感覺。這些都是為了凸顯店內商品的特色，因為這裡的服飾在黑暗中會發出五顏六色的螢光，如果對螢光服飾有興趣，那麼不妨來 Cyberdog 逛逛。

Data
地址：The Stables Market Chalk Farm Road London NW1 8AH
電話：020-7482-2842
時間：週一至週四 11:00 ～ 19:30；
　　　週五 11:00 ～ 20:00；
　　　週六至週日 10:00 ～ 20:00
地鐵：Camden Town，Chalk Farm
網址：www.cyberdog.net

07 Funky Town
服飾店

精緻美麗的二手衣物

Funky Town 是一家以銷售 30 ～ 40 年代二手衣為主的商店，店內的鞋子、包包、帽子和飾品等都相當精緻漂亮，不過由於是二手衣物，無論店家謹慎與否或商品的完美程度如何，消費者本身還是得精挑細選一番，並注意部分衣服因年代久遠而容易鬆脫的配件，如：鈕扣、拉鍊等。如果逛累了，樓上有一間名為 "Upstairs Funky Cafe" 的咖啡館，可以在那裡喝杯咖啡，稍事休息。

DATA

地址：Unit22 The Stables Market Chalk Farm Road London NW1 8AH
電話：020-7267-2499
時間：週一至週日 10:00 ～ 18:00
地鐵：Camden Town，Chalk Farm
網址：www.funkytownshop.com

08 Black Cotton
服飾店 老式歐洲風情

如果你喜歡歐洲老電影中出現的服飾、家具還有那個時代的唱片、音樂，那麼絕對不能錯過 Black Cotton。這裡以成熟女性的連身裙和飾品為主，搭配一些有個性的鞋子和骷髏圖案裝飾的長筒靴，店內巧妙以混搭風展現一種新奇的感覺，值得來這裡逛逛。

Data

地址：Unit 456 The Stables Market Chalk Farm Road London NW1 8AH
電話：07590-845-631
時間：週六、週日 10:00 ～ 18:00
地鐵：Camden Town，Chalk Farm

09 Proud Camden
酒吧 多角經營的畫廊兼酒吧

Proud Camden 白天是畫廊兼咖啡館，晚上則搖身一變成了眾多樂團演出的酒吧，COLDPLAY、OASIS、BLUR 都曾經在這裡表演過，在倫敦享有高知名度。Proud Camden 白天不需購票，但晚上需要購票入場，票價約 5 ～ 7 英鎊左右，還算合理。能在這裡表演的 DJ 和樂團都在水準以上，因為老闆總是能慧眼發掘到有潛力的音樂人，所以若你在這裡看到名不見經傳的樂團表演，若干年後，或許就會變成眾所皆知的著名樂團喔。

Data
地址：The Stables Market Chalk Farm Road
　　　London NW1 8AH
電話：020-7482-3867
時間：畫廊／ 11:00 ～ 17:30；
　　　酒吧／週一至週三 11:00 ～凌晨 01:30；
　　　週四至週六 11:00 ～凌晨 02:30；
　　　週日 11:00 ～凌晨 00:30
地鐵：Camden Town，Chalk Farm
網址：www.proudcamden.com

10 服飾店 Graffiti Shop
設計師現場手繪

從商店入口處張貼的各種報導和照片，說明了 Graffiti Shop 的老闆在當地應該是個小有名氣的藝術家。

設計師將自己的作品以手繪方式直接畫在襯衫、鞋子或帽子上，由於工作室就在店內，所以顧客可以直接看到設計師工作的過程，除了再次證明設計師的實力外，也吸引了許多人在此駐足，當然這樣的特點也吸引了我，每次只要來 Camden，必定會來這裡走一遭。

Data

地址：The Stables Market Chalk Farm Road London NW1 8AH
地鐵：Camden Town，Chalk Farm

特色市集
Camden Lock Market

Camden Lock Market 分成兩層，世界知名的 Jongleurs 和 Dingwalls 都在這裡。市場分成室內和室外，室內以賣服飾、古董、手工藝品和二手物品為主；室外則以美食為主，中國、印度、日本、摩洛哥、義大利、泰國等各國風味小吃應有盡有，雖然只是小吃攤，但散發出的香氣直讓人食指大動。

Data
地址：54-56 Camden Lock Place Chalk Farm Road NW1 8AF
時間：週一至週日 10:00～18:00
地鐵：Camden Town，Chalk Farm
網址：www.camdenlockmarket.com

11 Camden Lock Canal
觀光景點 一段優閒的 boat trip

Regent's Canal 全長 14 公里，沿著 Regent's
Canal 漫步，可看到許多年輕人愉快地坐在
地上聊天，街頭樂師正深情的拉著小提琴；
運河旁一對對熱戀中的男女沉醉在浪漫的兩
人世界中，這裡就是 Camden Lock Canal。
在 Camden Lock Canal 可以進行 boat trip 的
行程，從 Little Venice 的 London Zoo 開始
一直到 Camden Lock，沿途都有觀光旅遊船
可以搭乘。若是對搭船遊覽有興趣，可以至
www.londonwaterbus.com 網站查詢。

ATA
地址：54-56 Camden Lock Place Chalk Farm
　　　Road London NW1 8AF

12 服飾店 Youreyeslie
高質感的英國品牌

Youreyeslie 是身兼 DJ 和多媒體藝術家雙重身分的 Benjamin Yarwood 於 2005 年創立的，從男士 T 恤品牌專賣店一路發展成多元化的成熟男女風格品牌。除了原本的圖像設計工作團隊外，更加入了擁有高級時裝設計經驗的設計師、裁縫師和打版師，運用精密的印刷技術和無限想像的童趣設計，並採用高質感的布料和獨特的剪裁手法，讓此品牌在時尚界占據一個重要位置。現在的 Youreyeslie 在倫敦已經有兩家分店，也不斷在全球擴展新店，除此之外，還為世界知名的 Topshop 提供獨家設計。Youreyeslie 的 T 恤價格約在 20 ～ 40 英鎊間，若遇上打折，則可以幸運地用 30 英鎊買到兩件衣服，非常划算。

Data

地址：6B Camden Lock Place London NW1 8AF
時間：週一至週日 10:00 ～ 19:00
地鐵：Camden Town，Chalk Farm
網址：www.youreyeslie.com

13 Camden Lock West Yard
市集 美食者的天堂

位於 Camden Lock Market 西方,靠近運河處,簡單的說就是沿著 Camden Lock Market 往裡走,就會看到由兩層建築物所環繞起來的區域,便是 Camden Lock West Yard。這裡完全是美食者的天堂,結合了各國風味,如:中國、印度、日本、摩洛哥、義大利、泰國等,絕對能滿足你的味蕾,每次經過都會被誘人的香味深深吸引。除了異國美食,其他的建築內也有經營服飾、二手物和古董的商家,當然酒吧和咖啡館也絕不會缺席的。

DATA
地址:54-56 Camden Lock Place Chalk Farm Road London NW1 8AF
電話:020-7485-7963
地鐵:Camden Town,Chalk Farm
網址:www.camdenlockmarket.com

137

漫步 Angel
Walking on Angel

輕鬆舒適的購物天堂

「我不喜歡過於吵雜的購物環境」、「我討厭疲於奔命又耗費體力的購物行程」，這是許多年輕女性在購物時的共同煩惱，不過，來到 Angel 購物，就不會發生這樣的問題。這裡有許多賣胸針、耳環、項鍊等飾品及復古家具的商店，更令人開心的是，還有許多頗有氣氛的咖啡館和小餐廳，逛累了，就可以選一間喜歡的店，喝杯咖啡、拍些照片，小憩一下。

Angel 最具代表的購物區為 Camden Passage Market，是個隱身在喧囂馬路後的小世界。在這麻雀雖小，五臟俱全的市場裡，不論是古董家具、刀叉杯盤、還是服裝帽子、皮包飾品等，可說是琳琅滿目、應有盡有。除了商品令人大開眼界外，櫥窗擺設更是令人驚艷，每間店的設計都讓人想駐足慢慢欣賞。眾多商品中，衣服和鞋子應該是 Camden Passage 的強項，除了種類、款式多之外，價格也令人相當滿意，有些小攤商還可以議價，不過這裡的商店可不見得天天都營業，大部分的商店只營業到下午 4 點左右，所以記得出發前要先做功課才不會白跑一趟。

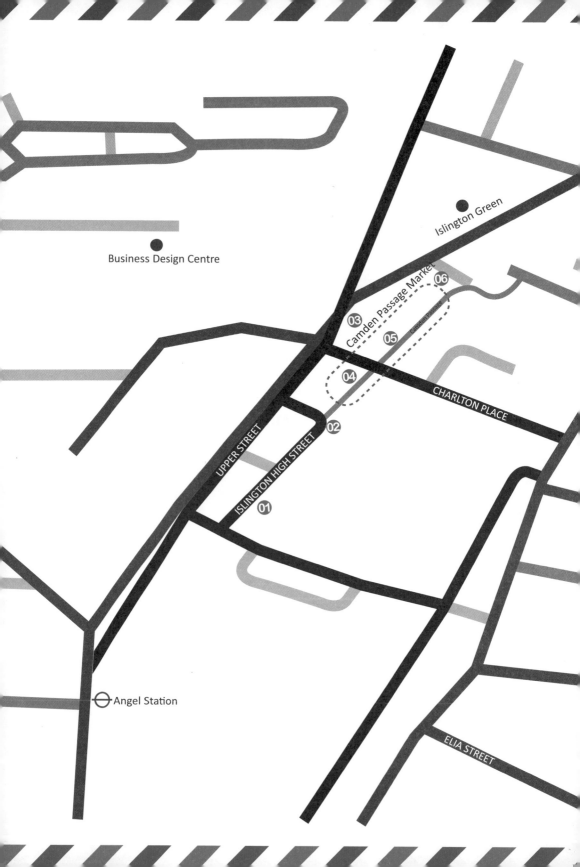

Angel
MAP

STREET

01 市集

Camden Passage
Market

享受挖寶的樂趣

許多人形容 Camden Passage Market 是一個隱身在大馬路後的小小世界，商品種類豐富，尤其對於喜愛收集古董的人來說，更是挖寶的好所在。另外，櫥窗設計也令人驚艷，有的在店內擺着泛黃的黑白照片，影中人的穿著和笑容，彷彿將人帶回過去美好的年代。

商家們充滿巧思的布置，每每讓人忍不住想多看幾眼。還有一些露天擺攤的商家，販售復古的餐具、茶具、燭台等，不僅觀光客喜愛，當地人也是常客。

Camden Passage Market 是購物的天堂，因為每個角落都會有令人意想不到的驚喜

存在，它們可能被隨意的擺放著，所以
記得睜大眼睛細心挑選，一定會挖掘到
令自己心儀的商品，而當找到的那一個
剎那，內心的成就感油然而生。

DATA

地址：Camden Passage Isling London N1 8EA
電話：020-7359-0190
時間：週三 09:00 ～ 18:00；
　　　週五 10:00 ～ 18:00；
　　　週六 09：00 ～ 18：00；
　　　週日 11：00 ～ 18：00；
　　　書市／週四 08：00 ～ 16：00
地鐵：Angel
網址：www.camdenpassageislington.co.uk

02 市集

Pierrepont Arcade

愛惜二手物品

長期的旅行，有時令人感到疲憊。猶記得剛到倫敦時，對所有的事物都覺得新奇、有趣，我還特別製作旅行計畫書，約朋友一起去完成旅行的夢想。但是，在倫敦待久了，才發現自己去過的地方實在少之又少，而且總是在固定的地方打轉，沒有新意。如果有機會再回到倫敦，我想去的地方可能就會重新排列，世界知名的旅遊勝地諾丁山，或許不再是首選，取而代之的反而是在旅途中偶爾發現的驚奇—Pierrepont Arcade。

Angel 位於北倫敦，會到這個地方是因為自己漫無目的在馬路上閒逛的結果。從出地鐵後的大馬路轉往巷弄間，兩旁多是販售二手物的商店，雖然規模不大，但每間商店各有特色，讓人忍不住拿起手中的相機，拍下一張張吸睛的照片。除了二手商店外，許多餐廳和雜貨市場也林立其間，非常好逛。

PIERREPONT ARCADE

← 14 UNIQUE SHOPS

Antiques - Collectables
20th Century - Vintage

發現 Pierrepont Arcade 純屬意外，起初只是單純地看到 "14 UNIQUE SHOPS" 字樣的標示，沿著標示走即看到許多商店。這些商店裡大都擺放 20 世紀前的古董，像是發黃的舊書籍、過時的皮鞋、陳舊的玩具、帶有花紋的盤子、瑪麗蓮夢露的舊照片、有些殘缺的老家具。不了解的人可能會誤以為這些是有人隨意扔在路邊的廢棄物，事實上有許多人為此慕名而來呢！

英國人不僅不會隨意丟棄陳舊的東西，還會將它保存之後再轉賣給其他需要的人，這種惜物的做法讓我感到新奇、有趣，因此我特別喜歡在英國的二手商場尋寶。尋寶的同時，我開始對英國人的生活方式有更進一步的認識，深信這些舊商品，也曾經是原物主的最愛，今天大家有緣在此交易，也是一種愛的傳遞，更是對原物主的尊重。別以為這裡都是些陳舊又不起眼的東西，其實許多東西都保存得很好，再加上歲月賦予了它歷史的價值，更讓人感到如獲至寶。另外，若以環保理念看來，物品的再利用也是環保重要的一環。

Pierrepont Arcade 和其它銷售古董和二手商品的地方不太相同，賣家多是上了年紀的叔叔阿姨們，他們以誠信的態度和惜物的精神，讓前來購物的消費者，多了一份安心的感受！

Dᴀᴛᴀ

地址：Camden Passage Islington London N1 8EG
電話：020-7359-0190
時間：週三、週六 07:00 ～ 18:00
地鐵：Angel

人氣商店

03

服飾店

Shock and Soul
風格獨特的法國服飾

以販售法國復古時裝為主的 Shock and Soul，吸引許多愛好時尚的人來購物。店內裝飾著設計精緻的海報和商品，一走進就深深被這氛圍吸引。男女服飾分開銷售，其中，連身裙和襯衫最特別，並提供訂製服務。Shock and Soul 的飾品也頗獲年輕人的青睞，有機會可以好好逛逛。

Data

地址：96-98 Islington London N1 8EG
電話：020-7704-6572
時間：週四至週六 11:00 ～ 19:00；
　　　週日 12:00 ～ 18:00
地鐵：Angel

04 服飾店 Cloud Cuckoo Land
店面小名氣大

Cloud Cuckoo Land 在商店入口處上方懸掛一件隨風飄揚的連身禮服，成功吸引路人注意，達到了不錯的宣傳效果。這是一間專售 30 ～ 50 年代連身裙的服飾店，銷售的對象鎖定成熟女性，由於店面不大，第一次來的顧客可能會有些失望，但仔細觀察衣服的擺設方式，似乎就是每個女孩心中嚮往的衣櫃，掛滿了各式各樣款式獨特的服飾。可別小看這間店，它可是知名雜誌 "Fashion London Guide" 介紹過的倫敦人氣商店之一，與 Rockit、Episode 等服裝店並駕齊驅！

Data
地址：6 Charlton Place London N1 8AJ
電話：020-7354-3141
時間：週二至週六 11:00 ～ 17:30
地鐵：Angel

05 susy harper

服飾店

設計師的得意之作

　"Creative" 實在是這個品牌的最佳代名詞，看似不起眼的商店內，卻擺放了極為有型的衣服和飾品。這裡每件商品都是設計師 Michelle Anslow 的得意作品，他一手創立 susy harper 品牌，其細膩的設計和獨到的搭配，深受女性朋友的喜愛與支持。

Data

地址：The studio(1st floor) 294 Upper Street London N1 2TU

電話：020-7704-0688

時間：週一公休；週二須預約；
　　　週五 11:00 ～ 18:00；
　　　週六 10:30 ～ 18:30；
　　　週日 12:00 ～ 17:00

地鐵：Angel

網址：www.susyharper.co.uk

０６ Doll Hospital
身價不凡的二手玩具

玩具店

第一次去 Doll Hospital，是被門口那隻巨大的玩具熊所吸引。很好奇這樣一個擺放著身穿芭蕾舞裙的玩具熊，呈現一種滑稽畫面的商店，到底在賣什麼呢？進入店內才知這是一間二手玩具店，看著店內的玩具，彷彿回到童年，讓人不禁懷念起曾有的童稚歲月。不過若以為賣的是二手玩具就很便宜，那你可能要大失所望了，因為這裡的二手玩具，不論做工或設計堪稱精細，且頗具歷史，因此某些古董級的玩具也有古董般的不凡身價，但對於喜愛收集古董的人來說，還是極具收藏價值。

DATA
地址：Camden Passage London N1 8EU
電話：020-8693-5432
時間：週三至週五 08:00 ～ 16:00；
　　　週六 09:00 ～ 17:00
地鐵：Angel

PART4
其他區

Notting Hill ｜諾丁山 比電影更有魅力 ｜

Bankside ｜泰晤士河岸 醉人的美景 ｜

Knightsbridge ｜騎士橋 名牌集中區 ｜

Notting Hill
推薦店家鄰近地鐵站
Notting Hill Gate 、Ladbroke Grove

Bankside
推薦店家鄰近地鐵站
Waterloo 、Embankment 、Charing Cross 、
Westminster 、Pimlico 、Vauxhall 、
Waterloo East 、St. Paul's 、Mansion House 、
Tower Hill

Knightsbridge
推薦店家鄰近地鐵站
South Kensington 、Sloane Square 、
Knightsbridge

漫步諾丁山
Walking on Notting Hill

比電影更有吸引力的諾丁山

受到電影《新娘百分百》的影響，諾丁山（Notting Hill）成了觀光客到倫敦的必訪之地。電影敘述一名紅遍半邊天的女明星，在倫敦的一間小書店裡與男主人一見鍾情的邂逅，進而展開一段愛情故事，我也因為這部電影的關係，每經過一個小店，都懷抱著浪漫的想像。不過，諾丁山的特別之處並不只是電影場景，更因它散發出的特殊異國情調，與充滿古典風情的倫敦大不相同。

諾丁山在每年八月的最後一個週末會舉辦為期 3 天，而且是歐洲最大的諾丁山嘉年華會。這個活動享負盛名，每個人都穿著奇裝異服、戴上面具，如同參加一場華麗的化妝舞會，鋼鼓樂隊打擊令人血脈賁張的強烈節奏，與根據最新時事和社會焦點即興改編歌詞的卡里普索歌曲，是諾丁山嘉年華會的靈魂，每年至少吸引 200 萬以上的群眾參加。

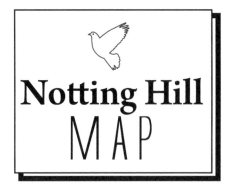

Notting Hill
MAP

TALBOT ROAD

COURTNELL STREET

ARTESIAN ROAD

Prim School

COLVILLE ROAD

LONSDALE ROAD

LEDBURY ROAD

DENBIGH ROAD

03

PORTOBELLO ROAD

KENSINGTON PARK ROAD

Ladbroke Square

02

PEMBRIDGE ROAD

01

LADBROKE ROAD

LADBROKE ROAD

Nottinghill
Gate Station

01 市集

Portobello Market

朝聖兼血拚

Portobello Market 是倫敦甚至是英國最有名的露天市集，在還沒有拍攝《新娘百分百》這部電影前，早已聲名大噪。由於 Portobello Market 的地理位置在 Notting Hill 地區的 Portobello 路上，因此便有人就地立名，不過也有人稱它為 Notting Hill Market。由 3 個市場組成的 Portobello Market，各市場營業時間不同，以古董古玩區而言，營業時間一般在週六，曾有朋友週日造訪就撲了空。據說週六時，從早上 5 點開始就有人從四面八方來，這裡可看到世界各地的古董，從羅馬時代到 20 世紀 60 年代都有，還有許多真假難辨的古董銀器、家具、瓷器、鐘錶、樂器、珠寶首飾、皮件、老相機、油畫等，有的排列相當整齊，有的隨意散落一地，讓人看得眼花撩亂。

位於南端的古董市場因為離地鐵站很近，所以遊客通常都從這裡先逛起，向北走會看見一個賣蔬菜水果、肉類蛋類等食品的市場，最北端則是賣二手商品的跳蚤市場，從小飾品到流行服飾都有，每逢週五、週六，就特別熱鬧。來這裡，看到喜歡的東西一定要保持頭腦冷靜，用力殺價，因為這裡的攤商很熱情，見到遊客都會主動攀談，能言善道的功力，常令遊客招架不住；再加上遊客一般對古董不太熟悉，通常對於價格沒有概念，一個商品從幾英鎊到幾百英鎊都有，很難分辨真假好壞。若只是單純想買個喜歡的東西作紀念，那麼就先盤算一下自己的預算，盡可能跟老闆殺價，避免對方漫天喊價，當然下手也要快、狠、準，免得與自己喜愛的東西擦身而過後才來後悔。

電影和書籍對人的影響極為深遠，雖然有人說希望愈大，失望愈大，但是 Portobello Market 卻是令人期待和喜愛的地方。在這裡逛街時，經常會聽見此起彼落的驚嘆聲：「快來看，這是男女主角吃飯的地方！」、「原來他們就是在這裡相遇的呀！」，除此之外，遊客和賣家之間除了單純的交易之外，各自還有不同的樂趣。譬如攤商老闆會用賣家眼光觀察往來的遊客，好像在分辨哪個才是真正的買家；而好奇的遊客也會拿著相機不斷拍自己有興趣的物品，買賣之間，各有所得。

Data

地址：111 Portobello Road W11 2DY
時間：果菜市場／週一至週三 09:00 ～ 18:00；
　　　新貨玩物／週四 09:00 ～ 13:00；
　　　流行市場／週五至週六 09:00 ～ 19:00；
　　　古董、古玩＆二手物／週六 08:00 ～ 18:30
地鐵：Ladbroke Grove，Notting Hill Gate
網址：www.portobelloroad.co.uk

影迷必看的電影
《新娘百分百》、《愛是您愛是我》、《BJ單身日記》、《哈利波特系列》、《偷情》

The Hummingbird Bakery

造型超美的杯子蛋糕

我常常在想，為什麼英國的杯子蛋糕會這麼有名呢？思考許久我歸納出兩個答案：第一是英國特有的下午茶文化。這原先屬於英國上流社會的一種交際方式，時間選擇在午餐和晚餐之間，人們準備些漂亮又美味的蛋糕、餅乾和三明治等，一邊喝茶一邊聊天，在品嘗同時也享受到生活的品味和樂趣；第二個答案則是英國人獨特的巧思。他們可以將傳統文化和現代文化巧妙地結合起來，創造出另一種新事物，杯子蛋糕就是一個例子，漂亮得像是一件藝術品，而且兼具口感，不禁要讚嘆這些糕點師的超高技藝。

The Hummingbird Bakery 是一間連鎖蛋糕店，老闆是 30 多歲的 Tarek Malouf，據說他去紐約探視住在當地的姊姊時，杯子蛋糕正流行，連電視節目也經常介紹，於是 Tarek Malouf 回到倫敦後，於 2004 年在 Portobello Road 創立了他的第一家杯子蛋糕店。這幾年除了賣杯子蛋糕外，Tarek Malouf 也設計蛋糕配方販售。他的蛋糕店中都會擺放一本名為 "The Hummingbird Bakery Cookbook" 的書，就是他的作品。近來在亞洲各國也有愈來愈多的杯子蛋糕店，這些頂著不同花樣的蛋糕，讓人一看就食指大動，想一親芳澤，看來全球已經刮起杯子蛋糕的美味旋風了。

The Hummingbird Bakery 的蛋糕色彩繽紛、造型別緻，蛋糕上搭配了自製的糖果和果醬，讓人看了垂涎欲滴。不過，因為蛋糕口味普遍偏甜，所以對於不嗜甜的人而言會是一項挑戰。特別提醒一下，在店內享用和外帶的價格差異頗大，可依據自己的預算選擇，另外店家也提供外送服務。

The Hummingbird Bakery 分店

• South Kensingth
地址：47 Old Brompton Road South Kensingth London SW7 3JP
電話：020-7851-1795
• SOHO
地址：155a Wardour Street Soho London W1F 8WG
電話：020-7851-1795

DATA
地址：133 Portobello Road Notting Hill London W11 2DY
電話：020-7851-1795
時間：週一至週五 10:0018:00；
　　　週六 09:00 ～ 18:30；
　　　週日 11:00 ～ 17:00
地鐵：Notting Hill Gate
網址：www.hummingbirdbakery.com

人氣商店

03 服飾店 Guns for Fun

有設計感的印花 T 恤

因為一隻待在店門口的黑色貓咪，引起了我對 Guns for Fun 的注意。這是一家具龐克風的服飾店，除了帽子、包包和印花 T 恤、襯衫外，還有一些印有骷髏圖案的上衣外套。Guns for Fun 的衣服展現可愛又兼具個性和性感的特質，各式圖案的印花 T 恤，多得像是 T 恤專賣店。雖然價格有些昂貴，約在 60 ～ 80 英鎊間，但因為質料和設計均佳，所以還是很受歡迎，有興趣的人不妨來看看。

Data

地址：47 Pembridge Road London W11 3HG
電話：020-7727-8358
時間：週一至週五 10:30 ～ 18:30；
　　　週六 10:00 ～ 18:30；
　　　週日 12:00 ～ 17:00
地鐵：Notting Hill Gate

04

飾品店

Hirst Antiques
極具人氣的珠寶店

號稱 "London's favourite Jewellery shop"（倫敦最受歡迎的珠寶店）的 Hirst Antiques，據說是一間許多名人如貝克漢等常光顧的飾品店。店內擺滿了從 Art Dceo 時期到現代，來自各國的首飾，還有一些限量版的品牌飾品和 17 ～ 19 世紀間的古董，價格從幾英鎊到幾千英鎊不等，兼顧了不同需求的消費群，所以來這裡的人幾乎都可以買到自己喜歡的寶貝。

DATA

地址：59 Pembridge Road London W11 3HG
電話：020-7727-9364
時間：週一至週五 11:00 ～ 18:00；
地鐵：Notting Hill Gate

05 The Blue Door
禮品店 具代表性的伴手禮

若想要為家人或朋友購買一些當地紀念品作為禮物的話，The Blue Door 實在是一間不錯的禮品店。店裡銷售許多別緻的西式茶具、特殊風味的茶葉、明信片、義大利製的傳統羽毛筆和墨水，以及將英國特有文化特色當作主題製作的文具和紀念品，如：最具代表性的紅色雙層巴士、紅色電話亭、黑色帽子、英國皇家衛兵等各種商品，都很精緻，連那些不太喜歡英國復古商品的遊客到了這裡，都會失心瘋的大肆採購。

Data
地址：131 Pembridge Road London W11 2DY
電話：020-7221-9088
時間：週一至週六 10:00 ～ 18:00；
　　　週日 10:00 ～ 17:00
地鐵：Notting Hill Gate，Ladbroke Grove
網址：www.thebluedoorlondon.com

06 Coco Ribbon

服飾店

體驗法式浪漫

如果想要擄獲女朋友的心，那麼就帶她來 Coco Ribbon 吧！追求法式浪漫的這家店，在服裝款式上詮釋了法國的唯美浪漫色彩。除了服裝，也有香水、飾品、家具等，都能打動女生的心，但價格並不便宜。

Data

地址：21 Kensington Park Road Notting Hill London W11 2EU
電話：020-7229-4904
時間：週一至週六 10:00 ～ 18:30；週日 12:30 ～ 17:30
地鐵：Notting Hill Gate，Ladbroke Grove
網址：www.cocoribbon.com

07 Chloe Alberry

家具店

幫舊家具換新裝

每當想改變一下家中使用已久的家具，順便轉換心情的時候，我就會前往 Chloe Alberry 買幾個設計簡單的家飾品，幫舊家具換裝。別看只是小小的 DIY，經過一點小改變之後，原本陳舊的家具就有了新氣象。走簡約、清新風格的 Chloe Alberry，商品材質多為水晶、玻璃、陶瓷、木頭等天然材質，相信你一定會喜歡這家店。

Data

地址：84 Portobello Road London W11 2QD
電話：020-7727-0707
時間：週一至週六 09:00 ～ 18:00；
　　　週日 10:00 ～ 17:30
地鐵：Notting Hill Gate
網址：www.chloealberry.com

08 Oliver Bonas

生活雜貨

價格親民的家飾用品

Oliver Bonas 的商品主要以生活家飾家具、服飾為主，商品設計得漂亮又別緻，光看就覺得賞心悅目，而且價格不貴，非常值得一逛。特別推薦給女性的商品為：家居用品、廚房用品，價格約在 5 ～ 30 英鎊之間。

DATA

地址：42 Notting Hill Gate London W11 3HX
電話：020-7221-8370
時間：週一至週三、週五 10:00 ～ 19:30；
　　　週四、週六 10:00 ～ 19:00；
　　　週日 11:00 ～ 18:00
地鐵：Notting Hill Gate，Ladbroke Grove
網址：www.olivebonas.com

漫步泰晤士河沿岸
Walking on Bankside

殺風景的小偷情侶檔

難得遇上晴空萬里的天氣，讓 Bankside 的風景在藍天襯托下，顯得分外美麗。我從倫敦眼（London Eye）下來後，沿著泰晤士河邊慢慢走著，愜意地欣賞著周邊的風景。突然聽見有人大喊：「小偷！」，我還沒反應過來，就覺得有人從身邊呼嘯而過，定神一看才發現自己包包上的拉鍊被人拉開，而且割了一個大洞，仔細檢查後，幸好現金、信用卡和相關證件都還在。感謝周圍好心人大聲提醒，原來我早就被一對戴著白色鴨舌帽的男女盯上了，他們一直尾隨我身後，只是我太沉醉在 Bankside 的景色中，完全沒有發覺。當我憤怒的向他們奔跑的方向望去時，還未走遠的兩人，居然還回過頭對我笑，真是讓人生氣。

現在回想起來，那對膽大包天的小偷情侶檔，居然成為腦海中最深刻的記憶。雖然為之氣結，但還好不影響我瀏覽倫敦其它名勝古蹟的心情。從倫敦塔橋（Tower Bridge）到倫敦眼的途中，特別是在泰晤士河畔，有許多拉小提琴的樂手，可以一邊欣賞美麗的景色，一邊在音樂的陪襯之下，享受一段浪漫又輕鬆的時光。

Bankside
MAP

1 Hayward Gallery
2 London Eye
3 Graffiti Tunnel
4 Tate Britain
5 Tate Modern
6 Tower Bridge
7 Design Museum

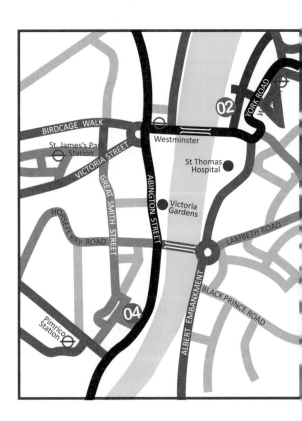

01 ▶ 觀光景點

London Eye

一眼看盡倫敦美景

London Eye（倫敦眼）原是英國航空公司為了慶祝西元 2000 年所興建的，也稱為英國航空倫敦眼（The British Airways London Eye）或千禧之輪（Millennium Wheel）。它矗立於泰晤士河畔，面向國會大樓和大笨鐘，是倫敦最吸引觀光客的景點之一，也是著名的地標性建築，總高度 443 英尺，開幕第一年就吸引了來自全球約 300 萬人次遊客。

倫敦眼共有 32 個乘坐車廂，全都設有空調，在搭乘時不能打開窗，每個車廂可載 25 名乘客，迴轉速度約為每秒 0.26 公尺，所以搭乘倫敦眼轉一圈，需花費 30 分鐘時間。在這半小時的旋轉中，彷彿飛翔在倫敦的上空，一邊俯瞰著方圓 25 英里內的壯麗景色，一邊聽著解說員介紹每個看到的景點。倫敦眼的取名的確浪漫又名副其實，遊客藉由它清楚的感受到倫敦這個城市的魅力；古老且現代、神采奕奕又雍容華貴。到了夜裡，倫敦眼又搖身一變，成為一條巨大的藍色光環，看起來如夢似幻，增添了泰晤士河的神祕氣氛。

其實當初倫敦眼的設計師想法很單純：「初衷是為了迎接千禧年的活動而設計，需要能代表千年傳遞精神，並可以帶人們到沒有去過的地方。這樣的想法讓人聯想到，每個人幾乎都喜歡看到地球在自己腳下的樣子，不管是從山上或從高樓往下

看，看到世界的景物在腳下展開，是一種極大的樂趣。」我終於有機會坐上這著名的倫敦眼。起初覺得在泰晤士河畔建一座摩天輪，實在與周邊環境極不協調，原本四周已有國會大樓、大笨鐘、西敏寺等具有代表性的古老建築，卻在這一片歷史建物中，加入這樣一顆「蛋」（英國人稱摩天輪的車廂為 EGG），實在非常突兀。不過，也因為這樣，才有機會在高空俯瞰這個世界知名的城市，也因為這座千禧之輪給了我們一雙慧眼，才能讓我們更清楚的了解倫敦帶給我們的是一種對於生活和生命永不放棄的追求。

根據英國航空公司表示：重達 1500 噸的倫敦眼，至少可以維持 50 年，目前也已被倫敦地方政府批准為永久性地標。想要到這裡來一飽眼福，建議可以先上網購票或親至售票口買票。如果購買的是普通票，約等候至少半小時的時間排隊，由於每天都有絡繹不絕的觀光客前來搭乘，所以等候 1～2 小時是很稀鬆平常的。

DATA
地址：County Hall Westminster Bridge Road London SE1 7PB
時間：10:00～21:30 依季節變動（詳見官網）
地鐵：Waterloo，Embankment，Charing Cross，Westminster
網址：www.londoneye.com

TURNER
PRIZE 08

02 美術館

Tate Britain
豐富的藝術饗宴

原名 National Gallery of British Art 的 Tate Britain（泰特英國美術館）於 1897 年由亨利泰特爵士建立，並於 2000 年更名為 Tate Britain。它位於倫敦 Millbank 泰晤士河的北岸，市中心的西南方，與國會大樓（Houses of Parliament）相距不遠。

Tate 共有 4 個美術館，分別為 Tate Britain、Tate Modern、Tate Liverpool 和 Tate St Ives，Tate Britain 主要收藏西元 1500 年至今的美術作品，展覽過全世界最大的英國藝術作品，到此可以參觀超過 500 年以上歷史的創作，包括著名的英國藝術家約瑟夫瑪羅德威廉透納（JMW Turner）、托馬斯庚斯博羅（Thomas Gainsborough）、約翰康斯坦伯（John Constable）、前拉斐爾畫派和威廉布萊克（William Blake）、大衛霍克尼（David Hockney），法蘭西斯培根（Francis Bacon）以及現代藝術系列的作品，不但免費參觀，並且整年都有英國藝術特展。

泰特現代美術館（Tate Modern）與泰特英國美術館不同，展覽作品以20世紀的現代藝術為主，例如畢卡索（Pablo Ruiz Picasso）、蒙德里安（Piet Cornelies Mondrian）、安迪沃荷（Andy Warhol）、馬蒂斯（Henri Matisse）、達利（Salvador Dalí）的作品都被收藏其中，因此，吸引了各國觀光客前來。泰特現代美術館是倫敦最受歡迎的美術館之一，主要原因有二：第一是它的展出方式打破依年代編排的模式，而是將作品分成四大類：一、歷史－記憶－社會；二、裸體人像－行動－身體；三、風景－材料－環境；四、靜物－實物－真實的生活，並將作品分別擺設在 3 樓和 5 樓的展示廳中。這種不按歷史軌跡的展覽方式，反而讓觀眾能在同一個時空裡，欣賞到相同主題卻是由不同年代所呈現的藝術創作精神，而這正是泰特現代美術館與眾不同之處。

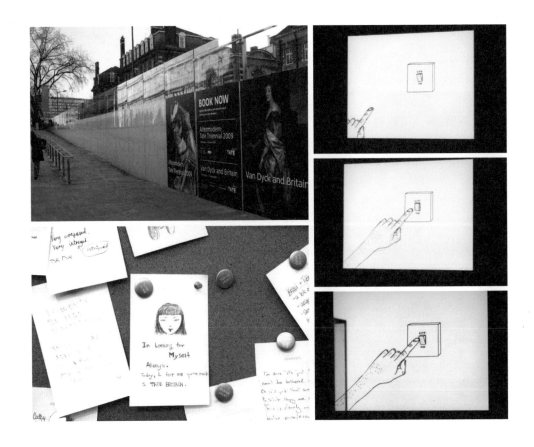

第二則是它獨特的建築風格。原先這是一座陳舊的發電廠，外面是咖啡色磚牆，裡面是鋼筋結構，高聳的大煙囪是它的標誌，但經由兩名年輕的瑞士建築師設計後，將巨大的渦輪車間搖身一變，成為既可以舉辦會議又可以展出藝術作品還具有主要通道和休息功能的大廳。而原本特殊的高聳大煙囪頂部，也打造了一個半透明的屋頂，為美術館提供相當充足的光線。另外，富有浪漫情調的咖啡座，讓參觀者在欣賞藝術作品之餘，還可以一邊啜飲咖啡，一邊俯瞰倫敦，欣賞泰晤士河美景。由於這部分是由瑞士政府出資建造的，便命名為「瑞士之光」，如今也成為倫敦知名的賞夜景景點之一。

泰特英國美術館周圍都是住宅區，相較其他的博物館或美術館相對沒那麼熱鬧，不過也因為貼近人們的生活圈，其價值和魅力就更令人印象深刻。在與日常生活的緊密結合下，不禁讓人在作品中回顧了過去，在瀏覽的時空裡體會到現在，更在每一次欣賞作品的心得中仰望未來，成功的扭轉了一般人對博物館的刻板印象。當我們從美術館出來，坐著泰晤士河的遊覽船欣賞沿途的風景時，心中湧起一種說不出的感動。

Data

地址：Millbank London SW1P 4RG
電話：020-7887-8888
時間：10:00～18:00
地鐵：Pimlico，Westminster，auxhall
網址：www.tate.org.uk/britain

人氣
商店

03

美術館

Hayward Gallery
需付費的美術館

Hayward Gallery 現在是泰晤士河南岸的文化地標，當初是為了紀念 70 年代的當代藝術所建造的。這座用鋼筋水泥堆砌而成的 60 年代建築物，曾被譽為「倫敦最完整的美術館」。美術館所策畫的多是具有歷史背景的大型展覽，所收藏和展出的也都是高水準的藝術作品。其實倫敦絕大多數美術館和博物館都是免費參觀的，Hayward Gallery 卻要付費且不便宜，難免讓人覺得有些遺憾。

Data
地址：Belvedere Road London SE1 8XX
電話：0844-875-0073
時間：週一 12:00 ～ 18:00；週二、三、六、日 10:00 ～ 18:00；週四、週五 10:00 ～ 20:00
地鐵：Waterloo，Waterloo East，Charing Cross
網址：www.haywardgallery.org.uk

04

觀光景點

Tower Bridge
令人難忘的美麗夜景

倘佯在晚霞中的 Tower Bridge（倫敦塔橋）和白天看到的景色截然不同，就像瞬間換了一身艷光四射的晚禮服般明艷動人。參觀倫敦塔橋不需付費，橋上還設有專為旅客準備的 "Tower Bridge Exhibition"，讓旅客可以深入了解這座橋的歷史和建造工程。參觀倫敦塔橋可以從北塔搭乘電梯上去，先欣賞橋墩的結構工程後，再從高空通道上走過泰晤士河，將周邊美景盡收眼底。

Data
地址：Tower Bridge Exhibition Tower Bridge Road London SE1 2UP
電話：020-7403-3761
時間：4 月至 9 月 10:00 ～ 17:30（最晚入場）10 月至 3 月 09:30 ～ 17:00（最晚入場）
地鐵：Tower Hill
網址：www.towerbridge.org.uk

Graffiti Tunnel
創意十足的塗鴉隧道

觀光景點

05

Graffiti Tunnel 蒐集了 40 多名世界塗鴉藝術家和繪畫藝術家的作品在此展出，聽說這裡有世界著名藝術家安迪沃荷的作品，我特別跑來朝聖，可惜並沒有看到，真的非常失望。不過，Graffiti Tunnel 裡的確有許多新生代藝術家的塗鴉作品，極具創意，相當有視覺效果，欣賞過令人讚嘆的塗鴉作品後，一定會覺得這是一個非常特別的塗鴉隧道。不過，到了夜晚即人煙稀少，為顧及安全，多數遊客選擇白天前來欣賞。這裡離 London Eye 走路大約需要 10 分鐘的路程，詳細的地址和行進路線，可以事先洽詢當地的導遊。

Data
地鐵：Waterloo，Waterloo East，Charing Cross
網址：www.supertouchart.com/tag/cans-festival

06 美術館 Tate Modern
現代藝術大師作品雲集

泰特現代美術館（Tate Modern）創建於
西元 2000 年，是由舊發電廠改建的，是
目前是倫敦最受歡迎的美術館之一，展出
的作品以 20 世紀的現代藝術為主，畢卡
索、安迪沃荷、馬蒂斯、達利等名家的作品
都被收藏其中。

3 位設計師合作，將原本特殊的大煙囪頂
部，設計出一個半透明薄板製成的屋頂，
除了為美術館提供了充足的光線，還擺設
了浪漫的咖啡座。館內除了展出作品之
外，也珍藏了大量藝術書籍，並設有紀念
品販賣店，遊客可以在此逛逛，選購自己
喜愛的商品。

Cildo Meireles
14 Oct 2008—11 Jan 2009

Data
地址：53 Bankside London SE1 9TG
電話：020-7887-8888
時間：週日至週四 10:00 ～ 18:00；
　　　週五至週六 10:00 ～ 22:00
地鐵：St. Paul's，Mansion House
網址：www.tate.org.uk/modern

07 美術館 Design Museum
上一堂現代藝術美學課

沿著 Tower Bridge 慢慢走下來後不遠處，可看見一棟現代的白色建築，即是 Design Museum。這裡展出瑪諾洛布拉尼克（Manolo Blahnik）和札哈哈蒂（Dame Zaha Hadid）等多位世界級藝術家的作品，對現代藝術的交流發揮了極大的影響力。

倫敦許多美術館和博物館都仰賴政府的補助金經營，但 Design Museum 是靠慈善基金來支撐整體的營運。雖然這裡規模不大，且須購票進入參觀，但因為展出作品的獨特性，還是頗為推薦前來觀賞。Design Museum 離泰晤士河很近，夜景十分美麗，值得遊客到此一覽這充滿韻味的藝術之地。

Data
地址：Shad Thames London SE1 2YD
電話：020-7403-6933
時間：10:00 ～ 17:45（最晚入場 17:15）
地鐵：Tower Hill
網址：www.designmuseum.org

漫步騎士橋
Walking on Knightsbridge

充滿奢華氣息的名牌集中區

騎士橋（knightsbridge）是倫敦著名的精品名店區，哈洛德（Harrods）和夏菲尼高（Harvey Nicholas）兩大百貨公司都在此區。沿著 Harrods 前的 Brompton Road 就可走到南肯辛頓區（South Kensington），而肯辛頓最具特色的，便是保留了 19 世紀維多利亞時代的大量遺跡，見證了大英帝國最風光的時期。

Knightsbridge 的切爾西街區充滿高檔奢華的色彩，樸實的風格在這裡顯得格格不入，高檔商店密集分布，儼然是世界名牌的集散地。

從 Sloane Squre 站下車，可以選擇在附近的薩奇美術館（Saatchi Gallery）、英皇道（Kings Road）和 Harvey Nichols 購物，若時間充裕還可以坐車至 South Kensington 站，沿途參觀著名的維多利亞與艾伯特博物館（V&A Museum）。不過這麼多景點想要在一天內逛完，實在是不可能的任務，因為這裡除了購物之外，還是有許多值得慢慢參觀的地方，像是海德公園（Hyde Park）和 V&A Museum。在異國旅遊時，能沉浸在當地文化帶給自己的洗禮，也是一種享受人生的方式，祝你的每段旅程都盡興愉快。

Knightsbridge
MAP

01 美術館

Victoria and Albert Museum

館藏豐富地位崇高

Victoria and Albert Museum（維多利亞與艾伯特博物館）成立於西元 1852 年，是為了紀念艾伯特王夫和維多利亞女王而命名。這是世界上最偉大的藝術與設計博物館，收藏了全世界最多的裝飾藝術品與英國雕塑，豐富多樣的典藏令人眼花撩亂，驚嘆連連。17 世紀至今的服飾潮流、彩色玻璃製品、中古寶藏等眾多的收藏品，不論數量或種類都非一般博物館可比擬的，也因此讓來自世界各國的觀光客絡繹不絕的前來參觀。

Victoria and Albert Museum 共有 145 個展示廳，5 個陳列主題分別為亞洲、歐洲、材質和技術、現代作品及特展區。展示空間共有 4 層樓，1 樓為印度、中國、日本、韓國等多國歷史文物，其中印度文物收藏號稱是全世界最多的，韓國文物的年代則可以追溯到西元 300 年，展出作品包含玻璃製品、金屬製品、繪畫作品、照片、印刷品、陶器、服裝、家具、雕塑和紡織品。其中的 Dress Collection（服裝展示區）相當特別，從馬甲上衣、撐架蓬蓬裙到現代的時尚服飾；從 17 世紀初的方巾帽到 19 世紀的大型花邊帽，所有服飾配件的演進和潮流，都有完整的資料和說明。攝影藝術館也很出名，早在 1858 年就舉辦了第一個攝影展，還經常展出不同名攝影師的作品。

Victoria and Albert Museum 在英國為僅次於大英博物館的第二大國立博物館，和其他國立博物館相同，提供民眾免費參觀且活動也不需另外付費。這裡經常舉辦國際交流、講座和青少年互動等活動，會為不同年齡、程度的參觀者設計適合的學習方式，讓博物館更人性化。另外，參觀過國外博物館的人應該都會發現，國

外的學校很重視實踐教育，常常看到學校的老師帶領學生到博物館參觀進行戶外教學。這裡還設有英國國家藝術圖書館，收藏了來自世界各地的藝術文獻資料，人人都可以進場閱讀。

Victoria and Albert Museum 創辦的理念就是為了展現工業時代的生活方式，因此展出的作品多數貼近生活，不僅在實用工藝美術和裝飾藝術的收藏上具有特殊的地位，眾多展品也來自大英帝國工業化時代的產物，將工業文明的發展清楚地展現在大眾眼前，展品類型有金銀器、銅器、玻璃、陶瓷、石膏像、家具、寶石、服飾、素描等，展現出極高的工藝水準。它更是現代設計師的靈感來源，喜歡藝術設計的人都能從展覽中獲得樂趣並得到藝術的啟發，不斷學習，繼續創新。

Data
地址：Cromwell Road London SW7 2RL
電話：020-7942-2000
時間：10:00 ～ 17:45；週五 10:00 ～ 22:00
地鐵：South Kensington
網址：www.vam.ac.uk

National Art Library

Open

Tuesday – Saturday
10.00 – 17.30

Friday
10.00 – 18.30

All welcome

02 美術館

Saatchi Gallery

令人耳目一新的美術館

Saatchi Gallery（薩奇美術館）是由英國籍的猶太人查爾斯薩奇（Charles Saatchi）創立的，2008 年遷至切爾西地區後不僅免費讓民眾參觀，還開放讓觀眾拍攝展覽作品。它以收藏當代藝術家作品為主，其中涵蓋了歐美名家作品，如：薩姆泰勒伍德（Sam Taylor-wood）、崔西艾敏（Tracy Emin）、戴米恩賀斯特（Damien. Hirst）、安迪沃荷等人約 2000 多件作品，是影響英國當代藝術極為深遠的美術館，也是藝術市場的重要推手之一。

Saatchi Gallery 每年的藝術作品都會更換 3 ～ 4 次，每次都讓人耳目一新，其中包含許多當代藝術的傑作，像是來自於中國的兩位藝術家創作的作品 Old Persons Home，還有兩幅看起來完全相同的油畫，以及查爾斯王子和戴安娜王妃結婚時在白金漢宮陽台上的一吻。

Saatchi Gallery 一直致力於提供開創性的策展和創意研究的議題空間，藉此展示當代藝術和年輕藝術家的作品，並頒發獎項，透過這樣的方式獲得年輕藝術家的信任。這些年輕藝術家首次在此展出時大都默默無名，參展後，才陸續收到來自世界各地畫廊或美術館的參展邀約。因此，若我們將 Saatchi Gallery 視為當代年輕藝術家的孕育搖籃或成功的墊腳石，一點也不為過。它不僅具有培養年輕藝術家的能力、收藏作品的能力，更有經營藝術品的商業功能。它銷售展品是為了重新整理自己的收藏品，並豐富收藏內容，這種兼具藝術館和畫廊經營的創新模式，成功的開創了新的視野與格局。

猶記得初次造訪 Saatchi Gallery 時，剛進入口處就看到一個空曠的展示區，其中一角掛著一幅詭異的畫作，仔細欣賞內容後不禁打了個冷顫。更讓我吃驚的是，空曠的展廳中居然看到一個貌似東方面孔的人，一動也不動的趴在地板上，我有些錯愕，心裡納悶著：「這到底是不是真的人呀？」仔細觀察了一下，發現這個人居然把舌頭伸出來舔著地面，實在太奇怪了！也許是我離他太近了，他突然站

起來圍著我轉了一圈，這突如其來的
動作著實讓我嚇了一大跳。事後回想，
這應該就是所謂的行動藝術吧，這樣
表現藝術的方式，的確令人印象深刻。
（還有許多意想不到的展覽，真的是
讓人大開眼界！）

欣賞完這裡的藝術作品後，別忘了到
紀念品店選購一些商品送親友，並大
力向喜愛藝術或從事藝術相關行業的
朋友推薦 Saatchi Gallery，相信只要來
這裡參觀後，一定會激發出源源不絕
的創作靈感，增加全新的國際視野。

Data

地址：Duke of York's HQ King's Road London
　　　SW3 4RY
電話：020-7811-070
時間：10:00 ～ 18:00
地鐵：Sloane Square
網址：www.saatchi-gallery.co.uk

03 Harrods
百貨公司 體驗上流社會生活

Harrods（哈洛德）是到倫敦必去的百貨公司。由 Charles Henry Harrod 創立於西元 1834 年，原本只是一間小商店，但在經營者的努力下，成為頂級的百貨公司，世界頂級的奢華品牌全都聚集在此。那些光彩奪目的珠寶首飾，名家設計的美麗華服，每一件商品都像耀眼的星星般在商場中閃閃發光，雖然價格令人咋舌，但既然到了 Harrods，就不要因為自己買不起店內的商品而鬱卒，畢竟，能親自逛逛並欣賞到如此金碧輝煌且設計用心的百貨公司，也是體驗上流社會生活的難得機會。

由於 Harrods 訂有許多規矩，像是禁止吸菸、禁止拍照、禁止攜帶寵物入內、禁止攜帶旅行背包、禁止穿著牛仔褲等，多重的限制的確會讓初次前來且不清楚規定的人感到些許不悅。

Data

地址：87-135 Brompton Road Kensington London SW1X 7XL
電話：020-7730-1234
時間：週一至週六 10:00 ～ 20:00；週日 11:30 ～ 18:00
地鐵：Knightsbridge
網址：www.harrods.com

04 甜點店 Rococo Chocolates
送禮首選

這是一間有機巧克力專賣店，也是世界知名的甜點店。西元 1983 年 Rococo Chocolates 設立了第一間分店，店內不只銷售口感極佳且造型獨特的巧克力，也賣馬克杯、布織品、書籍和明信片等商品，無論是巧克力或周邊商品，都包裝得極精美，十分適合送禮。尤其每到情人節時，店內便擠滿人潮，人人都將這裡當作準備禮物的首選。所以若想要品嘗世界級水準的巧克力，那麼絕不能錯過 Rococo Chocolates！

DATA
地址：321 King's Road London SW3 5EP
電話：020-7352-5857
時間：週一至週六 10:00 ～ 18:30；週日 12:00 ～ 17:00（夏天）；11:00 ～ 18:00（冬天）
地鐵：Sloane Square
網址：www.rococochocolates.com

05 百貨公司 Harvey Nichols
吸睛的櫥窗設計

Harvey Nichols（夏菲尼高）百貨毗鄰 Harrods，建造
時間稍晚，它以特別的室內裝潢及設計獨特的櫥窗而
著名，除此之外，它也網羅了國際知名的時裝品牌，
並引領年輕品牌進駐，凝聚了最新的潮流趨勢和時尚
概念，更為 Harvey Nichols 設立不同的市場定位，吸
引來自世界各地的觀光客。

Data

地址：109-125 Knightsbridge
　　　London SW1X 7RJ
電話：020-7235-5000
時間：週一至週六 10:00 ～ 20:00；
　　　週日 11:30 ～ 18:00
地鐵：Knightsbridge
網址：www.harveynichols.com

06 French Sole
鞋店 舒適的平底鞋

French Sole 是著名的平底鞋專賣店，銷售的商品非常時髦、可愛又具女人味，運用多種素材和顏色製作的平底鞋，不僅穿上極為舒適，設計風格也很討喜。我的一位朋友非常喜愛穿平底鞋，尤其鍾愛 French Sole 這個品牌，她會在特別的日子裡（自己的生日、發薪日或其他紀念日）買一雙 French Sole 的平底鞋當作犒賞自己的禮物，她有個很好的習慣，每次外出回家都會將鞋子擦拭乾淨後才放回鞋盒內保存好，加上她有雙勻稱美麗的腿，如果我也有像她一樣的條件，也會深深愛上 French Sole 的平底鞋。

Data

地址：323 King's Road London
　　　SW3 5EP
電話：020-7351-1634
時間：週一至週二、週四至
　　　週六 10:00 ～ 18:30；
　　　週三 10:00 ～ 19:00；
　　　週日 12:00 ～ 17:00
地鐵：Sloane Square
網址：www.frenchsole.com

倫敦樂遊

暢遊英倫不能錯過的100個吃喝買逛潮夯好點

Welcome to London

Original Korean language edition was first
published in 2011
Under the title of
런던 단골 가게
(London Favorite Shops)
By Voozfirm Publishers
All rights reserved.

Traditional Chinese Translation
Copyright©2015by SanYau Books Co.,Ltd.

SANYAU
http://www.ju-zi.com.tw
三友圖書
友直 友諒 友多聞

國家圖書館出版品預行編目(CIP)資料

倫敦樂遊：暢遊英倫不能錯過的100個吃喝買逛
潮夯好點/李慧實著；沈希臻譯. -- 初版. -- 臺北
市：四塊玉文創, 2015.06
面； 公分. --(自主行系列；B6158)
ISBN 978-986-5661-36-6(平裝)

1.自助旅行 2.英國倫敦

741.719   104008763

作　　　者	李慧實
譯　　　者	沈希臻
發 行 人	程顯灝
總 編 輯	呂增娣
執行主編	鍾若琦
主　　　編	李瓊絲
資深編輯	程郁庭
編　　　輯	許雅眉、鄭婷尹
編輯助理	陳思穎
美術總監	潘大智
封面設計	李怡君
資深美編	劉旻旻
美　　　編	游騰緯
行銷企劃	謝儀方、吳孟蓉
發 行 部	侯莉莉
財 務 部	呂惠玲
印　　　務	許丁財
出 版 者	四塊玉文創有限公司
總 代 理	三友圖書有限公司
地　　　址	106 台北市安和路 2 段 213 號 4 樓
電　　　話	(02) 2377-4155
傳　　　真	(02) 2377-4355
E－mail	service@sanyau.com.tw
郵政劃撥	05844889 三友圖書有限公司
總 經 銷	大和書報圖書股份有限公司
地　　　址	新北市新莊區五工五路 2 號
電　　　話	(02) 8990-2588
傳　　　真	(02) 2299-7900
製版印刷	皇城廣告印刷事業股份有限公司
初　　　版	2015 年 6 月
定　　　價	新臺幣 350 元
I S B N	978-986-5661-36-6 （平裝）

U